这本书属于

....

女孩青春期的秘密

GIRL STUFF

[澳] 卡兹·库克（Kaz Cooke）| 著　薛 玮 | 译

CNS 湖南教育出版社

目录

Part 4：朋友

Part 5：良好的自我感受

前 言

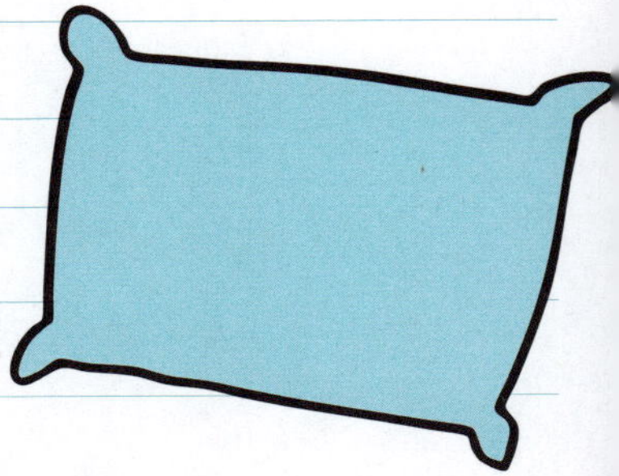

第1步 拿个枕头；

第2步 把头埋到枕头里尖叫吧！

你们好啊，姑娘们！欢迎大家加入到**女孩**的队伍里来——好吧，你说得没错，我承认你们一直以来，都是个女孩。而本书中的内容，是等你稍稍大一点的时候必须了解的。即将步入青春期的你，会经历许多变化，这本书会像**朋友**一样陪伴着你。别急着用枕头捂住嘴巴尖叫，“我马上是青少年啦！？”**也别紧张**——现在，你仍然是个孩子。孩子就应该有孩子的样子。(要是有人问你是做什么工作的，你可以说，“我是个孩子！”事实上，你完全可以瞪他一眼，然后悄悄溜掉。)

也许你的身体或你朋友的身体已经在发生变化了。也可能到目前为止，大家并没有什么改变。就算你对身体开始变化的具体年龄不太清楚，事先了解一下情况总是有好处的：月经、体毛、粉刺，你还会遇到刻薄的女生，或是老想拿着手机跟朋友聊天——**青春期的各种麻烦事儿**，这本书都能帮到你。

每个女孩都会经历这些变化，等你了解了这些变化，并且觉得这是司空见惯的事情之后，你就会觉得其实青春期也没那么可怕。

这本书，讲述的都是你羞于启齿的内容。（好吧，反正书又不会大声讲话，说出你的秘密，这是不是正合你意？你可以把它藏在你的尖叫枕头下面，想看的时候一个人偷偷地看哦。）

你用不着一下子把书里的内容全看完：你可以像读小说一样，一口气从头读到尾；也可以先翻一下目录，找找自己感兴趣的内容，**一次读一点儿**，这都由你自己决定。

家人或朋友也许会觉得你的青春期来得“太早”，对你品头论足，让你觉得很难堪。我敢向你打包票，你并不是个奇怪的家伙。每个女孩都会经历这些变化，只不过时间的早晚会有所差异。有的女孩9岁月经初潮，而有些则要等到15岁。你跟别人可能会截然不同，这很正常。

青春期的变化并不会带来一个全新的身体和全新的你——这个“新的你”仍旧是原来的你。另外，改变也并不意味着“你成为了一个女人”，你还得等上好些年才会成为一个真正的女人。你就是你（没错），只不过你在慢慢地获得新的面貌。这本书将教会你**怎样应对这些改变**，**引导你学会和自己友好地相处。**

世界上有各种各样的家庭……

有超过4000名女孩参加了我的问卷调查，书中引用了一些她们说过的话。 女孩们渴望了解一切，也愿意发表自己的看法。在对她们的态度有所了解的基础上，结合医生和专家们的知识，我创作了此刻你手中拿着的这本书。

如果想了解更多信息，不妨问问你信赖的人（妈妈、爸爸、阿姨、叔叔、爷爷奶奶、朋友的妈妈、学校的生活顾问或图书管理员……）。 还有推荐清单部分，也列出了许多有趣的书、电影和电视剧。

现在，就请翻开书吧，充满热情地开始你的阅读，挑选自己感兴趣的内容，去了解女孩的秘密吧！

卡兹·库克

Kaz x

PART 1

新的你

1 身体的变化

大自然母亲有时候真是有点儿烦人。她让你的身体逐渐发生各种各样的变化，好为接下来几年的成长做好准备。这些变化就像编程一样，在你还是个宝宝的时候，就已经写进了你的身体，等待合适的时机再启动。在你成年之前，这些变化会早早地发生，就好像客人登门的时间还没到，主人就提前几年早早地为派对做好了各种准备。

身体改变的时间

发育期的身体变化大约会在 8 到 16 岁之间发生。身体的各种变化不是同时进行的，每个个体发生变化的早晚也不尽相同。身体的变化包括：隐秘的部位长出体毛，大概每个月都会来月经，体型发生改变，感受到之前从未有过的情绪。以上所有内容，我都会在书里一一解释。

幸运的是，各种各样的变化是在几年的时间里缓慢地发生的。无论你的身体什么时候开始发育，也不管发育变化的程度是大还是小——你仍旧是个女孩，而不是女人。现在我要着手回答你们对于发育期的一切疑问，消除你们的顾虑和烦恼。我们开始吧！

抗拒改变的原因

在没有接受“发育期”这个新词之前，你会觉得它听起来奇怪又吓人。“发育期”和“青春期”实际上只是医生用来形容女性正常发展阶段的比较正式的词汇（也可以用来形容男性，但本书不做讨论）。身体和心灵所发生的变化——如果对它们不甚了解的话，那么你会觉得它们很烦人，你不仅会丈二和尚摸不着头脑，还会觉得手足无措。以下是几种常见的焦虑：

开始时的不适感。新的变化会让你非常恐慌，不过很快你就会适应每个月的月经，逐渐发育的胸部，个子越长越高，也不会再为此而心烦意乱。

有些人会对你品头论足，有些人则对此闭口不谈。有时候，父母和朋友会对你青春期的变化发表他们的看法。因他们心里仍旧把你当作小孩子，他们或许会说“太早了，你才多大啊”。你可以告诉他们，你觉得自己发育的时机很合适。乐意的话，你也可以给他们看看书中的内容。事实上，我已经迅速地替你准备了一段发言，你可以大声地宣布出来，内容见右边：

大人们，请注意了！

发生在我身上的变化……是完全正常的！请你们支持我，尊重我的隐私权，尊重我对于发育期知识的渴望。家庭中的任何成员都不能取笑我，对我的身体品头论足、喋喋不休。这是我的全部请求。

有些大人已经忘了自己当时经历发育期的感受，说起话来口无遮拦。还有些人行为举止不太友善，拿女孩子发育的胸部开玩笑。他们做出这种行为，很多时候是因为没有考虑到别人的感受，或者是因为自身不够成熟，也可能只是想借调侃别人来忘却自己生活中的变化和烦恼。

跟别人聊聊发育期。如果跟妈妈没法聊这些，那你可以试试和姐姐、爸爸、阿姨、表姐、年龄大点的朋友、老师、校医、学校辅导员、本地的医生或朋友的妈妈说说看。 尽管这本书能够回答你大部分的疑问，但和现实生活中你所信任的人谈一谈总是有益的。（我也是现实生活中的人，但距离那么远，我可听不到你的问题，哪怕你把头伸出窗户，大喊大叫，我还是听不见。）

你可能觉得你是第一个或最后一个，或是唯一一个经历发育期改变的个体。实际上你并不是，但有这种想法是完全合乎情理的。你既不是第一个，也不是最后一个经历各个发育阶段的女孩——大家都会发育，最后都一样。只不过有时候你会觉得自己是朋友中“格格不入”的那一个。

为什么身体会改变？

最终，你会成长为一名年轻的女子，能孕育自己的孩子，这也是身体改变的根本原因。当然喽，你现在还想不了那么远——可是大自然母亲，正如前文所说的，有那么点疯狂。她想把所有的功课都提前做好，而且一下子提前了好几年。正是这个原因，你的身体会分泌出各种各样的荷尔蒙，它们是身体系统中天然的化学物质。这些荷尔蒙会“发出指令”，让身体发生改变。你的大脑里也有荷尔蒙，它们可以改变你的情绪状态。

青春期会发生什么？

你会感觉到身体在经历各种各样表象的变化。然而，大多数的改变是你无法观察到的：那些肉眼不可见的、身体内的荷尔蒙的自然变化，才是表象变化的幕后推手。最开始的时候，你感觉像是受到逼迫，不由自主地做出改变，而且你无法控制这些变化。你还会感觉到对自己的身体很陌生。

如此巨大的变化，每个人都会经历——一辈子有两次。第一次你已经不记得了，因为那是很久以前的事情了，发生在从婴儿期到学步期的过渡阶段。前青春期和青春期阶段的改变跟第一次同样重要，并且，它们是很正常的现象。

你的身形会变大

前青春期和青春期阶段，你的身高可能会稳步增长，也可能会出现若干个快速生长期或一个急速生长期。有的女孩一年能长好几厘米。最快的生长陡增能达到一年 12 或 13 厘米，不过并不是每个人

都能长那么快。（要是大人有段时间没见到你，会感到惊讶，因为你比他们上次看到的时候长高了许多。你认为他们应该已经习惯这样的身高变化了，可他们的反应就跟每天看到太阳差不多，看了那么多次，每次都还是会感慨："哦，天啊，太阳又升起来了。"）

最先变大的是手和脚，接着是胳膊和腿，然后脊柱也会变长。你的肌肉在增加的同时也会变得更结实。而内脏的增长是你观察不到的，当然，你也不必考虑那么多。

你的身体会很努力地生长，等到了青春期结束的时候，骨骼大概是没发育之前的两倍大。身体的其他部位也会随着骨骼生长。体型大小的变化会影响到平衡感，你会觉得自己的动作有些迟缓，行为也显得笨拙，不过等到你习惯了新的自己，会很快调整适应过来。

FACT

凡是成双成对的身体部位，两侧的大小都会有所差异，包括：手、脚、乳房、耳朵等。你对自己的身体非常关注，观察得相当仔细，所以才会觉得两侧的差异很明显，但实际上，别人是察觉不到的。

你会更具曲线

一段时间过后，你的乳房、臀部和大腿会变大，变圆润，变粗。有些女孩身体的曲线会非常明显。而有些女孩则会为自己"凸出来"的肚子而心烦。其实，腹部突起再寻常不过了。无论是扁平的腹部，还是圆润的腹部，都是正常的。有些女孩的身材比较瘦，曲线不那么分明，即使完全发育后也是如此——这也没什么关系。

"刚开始你会觉得自己很奇怪……但其实你跟别人没什么不同。"

——萨拉

你会变得毛茸茸

青春期结束之前，你将会:

- 腋窝下长出体毛。
- 私处长出体毛，具体位置在两腿之间和耻骨联合处——小腹下面的凸起部分。
- 腿毛更明显。
- 前臂（胳膊肘往下）的体毛也会更明显。
- 或许身体的其他地方也会长出体毛。

（具体内容详见本书后面毛发 & 皮肤的章节。）

腋毛长在胳肢窝下面，通常都比较短。

身体分泌物增多

在成长为一名年轻女子的同时，你的皮肤和头发会分泌出更多的油脂，排汗量也会增加。刚开始你可能会觉得这很不可思议，其实都是正常现象，你会习惯的。月经初潮时，内衣会沾上血迹，或者非经期时内裤上会多些白色透明的分泌物，诸如此类的变化都是完全正常的，在本章的后面部分我会详细解释。

可能变得情绪化

荷尔蒙能引起很多变化，其中之一就是让你的情绪变得更强烈，更趋于极端。随着年龄的增长，无论是在家还是在学校，你将要面临更多的责任和烦心事，情感也会更加复杂。你会感受到多样化的情绪，如悲伤、气愤、伤感或欣喜若狂，却不知道究竟是什么触发了这些情感（请参照本书后面良好的自我感受部分）。有些女孩在来月经之前，

> “当我刚开始胸部发育并长出毛发时，我对此非常害羞，而且一点儿也不想让这一切发生，但很快我就适应了。但我记得当时这有多艰难。”
>
> ——梅甘

脾气会变得暴躁易怒，情绪化或多愁善感。真的是很糟心！但糟心归糟心，这也是正常现象。还记得之前我也说过，你并没有什么问题，对吧？

变化的顺序

从小女孩成为发育成熟的年轻女子大约需要 4 到 6 年的时间，这个过程通常会遵循下面的发展顺序。还是要提醒一下，每个人的顺序会有所差异，这都不是问题。

隐藏阶段

隐藏阶段大概会在 7 到 11 岁的某个时间节点开始。身体内部的一些器官，包括卵巢，开始变大（后面会再次讲到）。身体会发出荷尔蒙的指令信息，从而引起其他变化。

手和脚也会变大，个子也会长高（很显然，这是隐藏不了的）。

乳房发育阶段

乳房通常在 9 到 14 岁开始发育。首先，胸部会出现“乳房芽蕾”，就是乳头下小小的、硬硬的包块。一般来说，一侧乳房会先于另一侧出现乳房芽蕾，是左面先出现还是右面，这并不确定。几个月甚至几年的时间过后，乳头会略微凸起，你的胸部不再是扁平的，乳房开始发育了。这段时间里，你有可能会生长激增，个子窜高很多，骨骼也变大很多。

阴毛生长阶段

乳房芽蕾出现后的一段时间，阴毛开始生长。（大约五分之一的女孩会在胸部还没有任何变化之前，先长出阴毛，你应该猜得出来，这也是正常的。）刚长出来的毛发是直的，然后才会变得卷曲。有些女孩只有七八岁，也会长出少许阴毛。待全部毛发长好后，你的身体上会出现一个倒三角的毛发区——因为阴毛是呈倒三角形分布的。

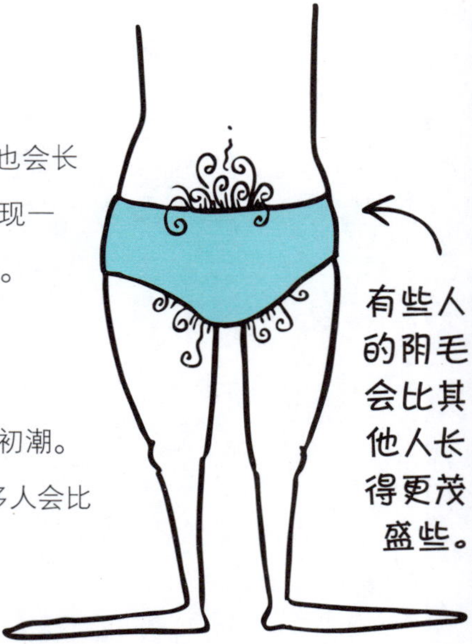

月经阶段

大约胸部开始发育后的一两年间，会出现月经初潮。很多女孩初潮的时间是 12 岁或 13 岁，不过也有很多人会比这个时间早一些或晚一些（9 到 15 岁之间）。换句话说，有的女孩子小学就来了第一次月经，而有的则要等到上中学。有些姑娘会因为自己是“第一个”或“最后一个”来月经而觉得跟大家格格不入。但实际上，之所以会产生这种觉得自己是个怪胎的想法，是因为她们不知道有千千万万个女孩正在经历同样的成长过程。

腋毛和腿毛生长阶段

10 到 16 岁是腋毛和腿毛的生长阶段，也就是说，在平均年龄 13 岁或 14 岁的时候开始出现腋毛和腿毛。同时，乳头区也在发育，而在体内看不见的地方，你的身体正按部就班地、有条不紊地将那些既听不见又看不见的荷尔蒙信息发送出去，这就是你每个月会来月经的原因。

全面发育阶段

一般而言，到 16 岁的时候，乳房和毛发发育完全，你的体重也会接近成年人的体重。月经大概是一个月为一周期。

关于体毛的具体信息，详见后面毛发 & 皮肤的章节。

怎样跟没礼貌的人打交道

不知道为什么，脑袋里有愚蠢的想法就算了，有些人还总是口无遮拦地说出来。怎样让他们意识到自己的言语很过分，请他们闭上嘴巴呢？下面是我给你的一些建议。我明白，当你面对一个成年人时，用言语反击回去确实不那么容易。但是，你要知道，并非所有的成年人都懂得分寸，和气而有礼貌，认识到这一点是成长功课的一部分。有必要的话，可以请你的父母介入，去和那些不守规矩的亲戚或大人进行沟通。

另外，我在下面列出了一些建议性的沟通语句，你可以先不出声地“说”给自己听，看看是否有用。或自己准备一些反驳的话语，预先演练一下。

“天啊，你胖了。”

“是的，这是自然而然的事情。”

“哦，你的身材变了！”

“妈妈说对别人的身体品头论足是很没礼貌的。”

“你有胸了啊！”

“你知不知道你说话声音太大了？”

“你长成一个女人了。”

“并没有。我连个青少年也算不上。你要是真的觉得我是大人了，能把车借我开开么？”

对于那些戏弄人的玩笑，开始时翻个白眼当作没听到就好，如果对方仍然继续，你可以向大人寻求帮助。关于这方面的内容，在本书后面朋友的部分及反击霸凌者的章节会有更多有用的信息。

胸部

胸部、乳房或者咪咪，随便你用哪个词称呼都可以（但是最好不要用奶子这样粗鲁的词）。从刚开始发育算起，乳房通常要 3 到 5 年的时间发育成熟，达到最终尺寸，不会再发生改变。在哺乳婴儿的时候分泌乳汁，是乳房的功能。（现在乳房里是没有乳汁的。）（也没有美禄麦芽乳。）（实在不好意思，乳房能分泌出美禄麦芽乳，这个疯狂的念头我真是不该说出来。我自己都被吓到了，得躺会儿缓一缓。）

乳头

乳头，就是乳房最上面的点状部分，乳头上面分布着一些很小的孔，小到眼睛看不见，就像花洒一样，乳汁就是从这些小孔中出来的。乳头位于乳房上深色的区域内，这块区域我们称之为乳晕。

乳头有时候会变得坚挺——更硬些，凸起得也更多。这是完全正常的现象。（正常，我必须告诉你这点！）

乳头内陷和乳头外翻 有些姑娘的乳头总是非常凸出，而有的则是往内翻，后一种叫作乳头内陷（也是正常的）。当感觉到很冷的时候，内陷的乳头会伸出来些，好像在跟你打招呼。

敏感的乳头 跳跃时，或胸部摩擦到衣服时，刚刚发育的细嫩的乳头可能会觉得酸痛。你可以在外衣里穿上紧身有弹性的背心或胸罩，这样乳房跳动的幅度就不会那么大了。乳房刚开始发育的时候，也是最敏感的时候。另外，每次月经前，乳房都会胀大，有酸胀感。

“今天早上醒过来时，我敢发誓我的胸好像一晚上就变大了。”

——埃米

乳房的大小

和朋友们相比，你的乳房开始生长和停止生长的时间会有所差异。而且，大多数人两侧乳房的大小也不一样，一边会比另一边略微大一点。发育的速度也不尽相同。

有些女孩担心自己的乳房发育得不够快，长得不够大。而有些姑娘的担心则完全相反，发育得太快、长得太大困扰着她们。如果有人取笑你的胸部，那么告诉自己，无论胸大还是胸小，都会有人开玩笑，甚至那些乳房大小适中的女孩也会因为这样或那样的原因而被人嘲笑。

就算有人拿你的胸部尺寸开玩笑，也并不能说明你的胸部大小有什么问题，只能说明那些以此为乐的人，他们的脑容量太小了。

胸部刚开始发育时，可能会让你大吃一惊。虽然乳房是你身体的一部分，但是发育带来的改变会让你觉得它们很陌生。不过之后你就会习惯，并且不再会为此而心烦。成年之后，有些女性会把乳房亲昵地称为“小姐妹”，而有人则更愿意把它们看作是离不开的脚踝。世界上的人形形色色，乳房也千差万别。

需要买个文胸么?

每年砸在文胸上的广告费用相当惊人，达千百万美元之多。文胸的价格也确实不菲。运动、跳舞或锻炼时，如果跳跃会引起乳房的不适或疼痛，那么你需要买一个紧身背心或文胸。 要是觉得跳跃也无妨，对你没什么影响，那就不用买。购买文胸时，可以向你的妈妈或朋友的妈妈寻求帮助，找到适合自己的尺寸。

“随着时间的推移，你会越来越习惯于谈论这些事情。”

——比安卡

下体及外生殖器

好，下面我们要讲讲身体的下半部分了。关于下体，有很多种说法，比如阴道、男性生殖器、女性生殖器、小妹妹等。等我们讲到月经的章节时，会有更详细的信息。

能感觉到两腿根部相交的地方，有一小片圆润的、丰满的、软软的部位么？耻骨被柔软饱满的脂肪所覆盖，形成了耻骨联合区。这也是阴毛将要生长或已经长出阴毛的区域。所有女孩和成年女性的身体都有这块凸起。

两腿根部下面的地方不太容易看清楚，要是你愿意的话，可以拿着小镜子，看看下面到底长什么样子。

医学上把这块柔软有褶皱的区域称为外阴和阴唇，如果你对它们长什么样子并没有多少兴趣，不看也行，只了解相关知识也可以。女性的下体有个开口，通向身体内部，里面靠近开口的区域叫作阴道，我们后面会专门讲到。（我可不是要求所有人都皱着眉头听我喋喋不休地讲阴道，我只是告诉读者们，在月经那一章，我会稍微仔细地讲一下。）

在两腿之间还有一部分隐藏的区域，它位于最前端，圆圆的凸起，躲在褶皱的下面，小巧可爱，我们称之为阴蒂。这是身体最最敏感的部位。将来它会派上大用场，**这是你美妙身体的一部分。**

好了，关于生殖器我先讲这么多。

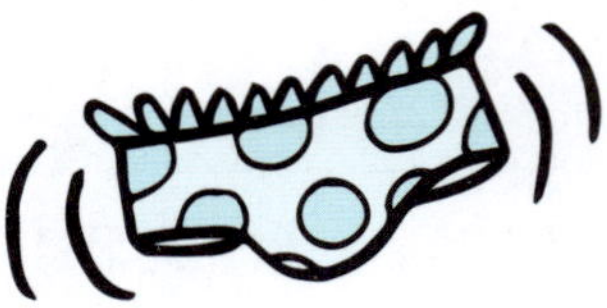

月经初潮

2

为什么会来月经呢？这是因为，尽管目前这个年龄，你不会孕育一个宝宝，但是你的身体会提前好几年为将来做好准备。在没有孕育新生命之前，你的身体会按部就班、有规律地工作，这样月经每个月都会按时到来。（你自己算一下，月经是不是得来很多个月！）

月经产生的原因

体内各种各样的器官一起运作，才能保证每月都会有月经，这些器官包括：

卵巢收到命令……

卵巢

卵巢是一对小巧的腺体，开始只有杏仁那么大，青春期阶段会长到核桃般大小。而孕期的卵巢得有果仁坚果巧克力块那么大。（这是我编的，开玩笑呢。）每个女孩都有两个卵巢，左边右边各一个，位于子宫（马上要讲到）的上方。卵巢是分泌雌性激素雌二醇的主要器官，分泌出的雌性激素会随着血液循环，到达身体的各个地方。

每个卵巢里住着上千个卵子，卵子非常小，还没有一个句号那么大。从你出生的那一刻起，卵子就一直住在这儿，悄无声息地潜伏在你的肚子里。现在，身体分泌出的雌激素开始发送指令，这样每个月就会释放出一个卵子。这个卵子跳进附近的一条管子，不慌不忙地顺着管子，往下溜达，速度特别慢（三天才能移动几厘米），它的目的地是……

子宫

子宫在英语中除了可以叫“uterus”，还可以称为“womb”（读作 woom，和房间 room 一词押韵）。* 当你还是个小孩子的时候，子宫大约只有大拇指那么大，而发育成熟的子宫则差不多和梨子一般大小（我又拿水果来做类比了）。它像是一个中空的，倒着放的梨子。怀孕的时候，子宫还会变大，胎儿在里面才会觉得温暖舒适，等到生产过后，它又会恢复梨子的大小。

“大姨妈其实也没那么可怕。真搞不懂我之前一直在紧张些什么！”

——吉莉恩

每个月，子宫内壁都会形成一层松软的浓稠血液组成物，这是在为孕育宝宝做准备（当然了，青春期阶段的你还小，并不打算怀孕生宝宝）。因此，每个月当身体意识到并没有怀孕的时候，那层松软的子宫内壁将会脱落，伴有血液从你身体流出——再会啦！

* 编者注：在中文里，“子宫”一词的本义也有小孩子出生前在母腹中居住的小房间的意味。

阴道

是的，我确信你之前听过这个词。子宫的最底端，再往下，就是阴道。它是中空的，有弹性的管道，另一头连接的是两腿根部中间的开口处。这个开口位于尿道口和肛门的中间。

所以，每个月来月经的时候，会有少量的经血从子宫缓缓滴下来，经由阴道，最终从两腿中间的那个开口流出。

对于月经的心理预期

月经初潮时，你会感觉到下身潮湿而黏腻，在上厕所的时候，突然看到内裤上沾染了鲜红的经血也可能会惊慌失措。干了的经血颜色会发深，偏棕色。你可以把卫生巾牢牢地固定在内裤上，用来吸掉体内流出的经血（我会在后面仔细讲讲卫生巾）。

月经的造访频率?

经期，是一个医学专业术语，通常会持续 4 到 6 天。月经结束大约一个星期之后（可长可短，有个体差异），又会有一个卵子从卵巢排出，接着整个繁琐的过程会再从头开始，重复一遍。我们称之为月经周期。一个周期大概 28 天。

一次月经会出多少血?

实际上出血量很少。整个经期持续几天的时间，流动血液的出血量大约有两汤匙那么多。有些女孩会多一些，有的少一些，还有的女孩经血中会夹杂着血块，一团一团的像果冻一样。这是由于剥落的子宫内膜粘到了一起，不用担心。

经血有气味么?

除非自己说出来，要不然是不会有人知道你来月经的。想想世界上有那么多女孩和女人，她们每个月都来一次月经，你不是也不知道嘛。

经血的确是有些气味，不过非常非常的淡，而且，白天每隔 2 到 4 个小时换一次卫生巾或卫生棉条，每天清洗，没有人会闻得出来。只有被捂久了的“陈血”才会有明显的气味。

什么时候做准备

多数女孩的月经初潮是在 9 到 15 岁之间，很多女孩会在铅笔盒或化妆包里放些卫生巾，随时备用。你可以在书包里放一片，在家里也放一片。还可以请妈妈、校医或朋友的妈妈帮你做好准备。

FACT

月经不正常 当出现以下问题时，就应该请负责照看你的大人带你去看医生，或者咨询校医：本来月经每个月都会如期造访，但是这次却没有来；出血量跟往常比不太正常；经期超过了 7 天；经前症状严重影响到情绪；或者经期腹痛干扰了正常生活。这些症状很可能并无大碍，处理起来也并不棘手。身体感觉不适时不要一个人默默忍受，应该向其他人求助。

月经的跟踪记录

你可以用日记本、日历或其他方便的东西，比如把便当包背面的纸贴到卧室的布告板上，用来跟踪记录经期情况，估算一下，下一次什么时候来月经。如果月经规律的话，你就可以大概推算出下次月经的时间。两次月经之间的间隔时间应该从上一次月经的第一天算起（这一天我们称之为“首日”），平均大概是 28 天，很多女孩的间隔时间会比总体的平均值长一点或短一点。也有很多女孩在头几年月经并不规律，几年后才会定期来月经。

FACT

月经（关于它的无稽之谈） 月经和巫术、神神鬼鬼的东西并没有什么关系，也并非不洁，它没什么不可告人的，我们也不该因此而感到羞耻。每逢月圆的时候就会来月经，住在一个屋子里的姑娘们经期总是同步的，这些说法并不靠谱。如果真碰上了，那一定也是因为巧合。这些关于月经的说法早就过时了，是几百年前那些不了解月经科学成因的人编出来的，对月经一无所知的人才会在书里这么写。

门把手挂牌

经前的烦恼

适应一段时间过后，你就能预见到“大姨妈”是不是要来了。经前综合征，是指在月经的前几天你会觉得:

- 脆弱感伤
- 行为笨拙
- 焦躁易怒
- 乳房和（或）腰腹酸胀

如何对抗经前综合征（PMS）

- 摄入大量的水分可以缓解酸胀感，减少含盐和含咖啡因（不仅仅咖啡里含有咖啡因，巧克力、可乐、能量饮料和瓜拉那饮料都含有咖啡因）饮品的摄入，它们会使身体脱水。摄入大量的水分能增加小便的次数，这对身体有益。
- 经前乳房会变大，也更敏感，可以尝试穿紧身背心或文胸来去除胀痛。
- 保证足够的能量摄入，可以在两餐之间吃些美味又健康的食物，比如一把坚果，或者蔬菜水果。

经期疼痛

有的女孩在来月经的头几年腹部不会感到任何疼痛。经期疼痛有时候被称作痉挛痛，因为在月经的第一天，腹部被挤压的感觉常常会伴随疼痛出现。这是因为子宫确实在收缩，目的是为了将血液挤出，让它流入阴道。子宫好像是在说，“再见啦，再见啦，快点快点，你们都出去吧。”

FACT

不可信的草本疗法 如果没有事先向家庭医生咨询，不要采用任何“自然疗法”或其他药物来治疗月经不调。无论是什么问题，都应该先找医生确诊，才能确定最好的治疗方案。

经期需要的用品

卫生巾和卫生棉条都是女性在经期使用的，用来吸收经血的小小的一次性用品。人们通常称之为“女性卫生用品”，在超市、药店和便利店都可以买到。

刚开始来月经的时候，大部分女孩会先试着用卫生巾，因为还不太会用内置棉条，你得把内置棉条推到阴道里面才行。顺便提一句，决定你是不是个处女的根本因素是是否有过性经历，跟内置棉条没有任何关系。卫生棉条安全可靠，也不会影响生育能力（将来受孕的能力）。

大多数女孩在前几次月经，甚至月经的头几年都不太乐意使用卫生棉条。这取决于每个人的喜好。现在，女性卫生用品的生产商还专门提供为年轻女孩和身材小巧的女性准备的，小号的卫生巾和卫生棉条。

经期的前一两天，出血量比较大，如果想把经血全部吸收干净，那么一片卫生巾或棉条只能用若干小时。这就是为什么要勤换卫生用品的原因。你们这个年龄的小姑娘，多半还用不着“超长超宽”“加长加宽”或“量多型”的卫生巾和棉条。有的女孩晚上睡觉时，会使用大一些的“夜用型”卫生巾，这样就可以几个小时都不用换了。

“女生会觉得谈论月经这些事，非常难以启齿。尽管大家都会来‘大姨妈’，可是说起来还是会觉得尴尬。现在我和我的好朋友们已经克服了这个问题，我们现在还会拿这事开玩笑啦！”——莱斯尔

FACT

吸收力 大多数的卫生巾和卫生棉条都是使用无危险性的化学制品来达到吸收经血的功能。如果广告中宣传这种卫生用品是“纯天然”或“纯棉”制造，那么使用的时候需要注意，纯天然的要换得更勤些才好。

卫生巾

卫生巾整体呈长方形，两端则是弧线形（有点像冲浪板——在澳大利亚，人们也把卫生巾戏称为冲浪板）。卫生巾的背面有一条黏胶区：将黏胶区这一面放到内裤中间（就是覆盖住两腿间私处的那部分），然后压紧。

更换卫生巾 开始量多的时候，大概每两个小时就得换一次卫生巾，正常量时，每四个小时换一次。长时间没办法上厕所会令人很抓狂，比如坐校车出游的时候。这种情况下，最好使用大一些的“夜用版”卫生巾。白天每过四个小时都必须换一次卫生用品（无论量多量少）。

卫生巾的种类 生产卫生巾的企业巴不得你每天都用卫生巾，这样他们的销量就会更大。但其实我们根本用不着天天都使用。

- **护垫** 护垫的吸收力不如卫生巾，无法吸收正常量的经血。人们使用护垫有时是用来对付在两次月经之间会分泌出的“透明的白色液体”（后面会讲到）。

- **女孩专用卫生巾** 这种卫生巾是专门针对年轻女孩，或者是那种体型娇小、内裤裆部尺寸也比较小的女性而设计生产的。它通常比较窄，所以才能更好地贴合到内裤上，而不会鼓鼓囊囊。
- **超薄卫生巾** 这种卫生巾虽然很薄，但是吸水性特别好。
- **日用卫生巾** 这是一般女性用得最多的，最常见的卫生巾。
- **加长加宽，超长超宽，夜用型卫生巾** 这类卫生巾的吸收力更好或更厚，能吸收更多经血。
- **护翼型卫生巾** 有些卫生巾的两侧会多出来两片“翅膀”一样的部分，翅膀反面附有黏胶层，可以裹住内裤，牢牢地固定住。这是因为大腿会将卫生巾往中间挤，“翅膀”可以更好地固定，并且防止侧漏。

“我第一次来月经时心里老是惦记着卫生巾，总是觉得不自在，我以为能被人看出来；但实际上没人会发现这一点。”

——杰迈玛

卫生巾是不太可能失去黏性，从内裤里掉出来的——除非你不仅穿着裙子跳舞劈叉，还后空翻三周，而且内裤还有点松。不过咱们还是得把卫生巾固定妥当，万一得表演杂技舞蹈呢？

卫生棉条

卫生棉条是由吸水能力强的材料紧密压缩而成的一个小卷。它的顶端是圆的，这样可以比较容易地滑入阴道，另一端则有一根牢牢附着的线，轻轻一拉，就可以将棉条从阴道拉出。多数女孩开始的时候不会使用棉条，等到更好地适应经期后才会用它。

卫生棉条用起来比卫生巾更方便干净，原因是在经血还没有流出身体之前，它已经把液体都吸收彻底了。游泳的时候不可以用卫生巾，因为卫生巾被水泡了之后，会涨起来，但是使用内置棉条就不存在这种困扰。另外，一次只能放一根棉条。

更换棉条 像卫生巾一样，每隔几个小时，棉条就应该更换一次，尤其是在经期的前一两天。同样，四个小时是极限时间，不能更久。棉条取出之后，即使它并没有吸收多少液体，也必须立即丢弃，换一根新的。

卫生巾和棉条如何丢弃 不要将用过的卫生用品扔到马桶里，这样会堵塞下水管道，马桶里的水会立刻以极快的速度涌上来。应该将它们扔进卫生间的专用垃圾桶内，多数公共卫生间和学校卫生间都有。或者将它们扔到洗手池附近的垃圾桶。你也可以随身携带些塑料袋，需要的时候用卫生纸将垃圾包起来，放到塑料袋里，然后装进口袋或书包，等找到垃圾桶再扔掉。

中毒性休克：非常罕见的疾病

卫生棉条的使用时间不能超过四个小时的上限，即使在晚上也不行，因为有可能会让你患上一种极为罕见的细菌性疾病，叫作中毒性休克综合征。（发病率非常低，不到百万分之一。）但是，在经期使用棉条的女性中发病率相对高一些。如果你出现高热、头晕、拉肚子（控制不住地想上厕所）、严重的肌肉痛或头痛等症状，并且伴随呕吐……而且与此同时你还在使用卫生棉条，那么必须立即取出。这些症状的产生一定有其原因，你应该立即就医。并告知医生，你在使用卫生棉条，让医生首先排除中毒性休克的可能性。（别担心，前面我已经说过这种病很罕见了，对吧？）

"事实上，我的月经初潮年龄是9岁半。"——雅纳

卫生棉条的种类

- **细型，极细型，超细型和新手型卫生棉条** 这一大类的卫生棉条都是针对刚来

月经的年轻女孩设计的。

- **丝滑型卫生棉条** 这种棉条外面有一层涂层，所以无论是推进去还是取出来都会更容易些，也是为新手姑娘们准备的。一般来说，丝滑型都是细型的棉条。
- **轻型，常规型和加强型卫生棉条** 经期的前几天出血量会大一些，但是年轻女孩子们一般用常规型就足够了。
- **导管式卫生棉条** 这种棉条每一根都有一个小小的、一次性的导管装置，它能帮助你把棉条推进阴道。导管式棉条会产生更多垃圾，我个人觉得没有必要。
- **双包装型卫生棉条** 一包是加强型棉条，一包是常规型。生产商的初衷应该是让消费者在经期的前几天使用加强型，然后过渡到常规型。对于青春期的女孩来说，常规型就足够用了。

第一次使用卫生棉条 如果不喜欢开始就用棉条，那用卫生巾即可。等到心理上不再抗拒和排斥时，再用也不迟。你可能得多尝试几次，才能学会使用棉条。首先，把手洗干净。采取下面的姿势操作起来会更容易些：躺在床上，两腿分开；或蹲下来；或者把马桶盖放下来，一只脚踩在马桶盖上；或者把脚跷到浴缸边上。按照包装盒里说明书的步骤，一步一步来，记得要将线先拉出，这样方便取出。

要想熟练到能毫不费力地把棉条推进取出，需要多实践几次。最开始可以先使用细型或丝滑型棉条，专门的设计使得棉条更容易推入，哪怕没推进去，搞砸了也没关系。直接扔掉就好。

放棉条的时候，试着放松（深呼吸，然后吐气，如此反复几次），往里推的时候，方向要略微朝向腰部后方，而不是垂直地指向头部进去。阴道润滑的时候会更容易推进，所以真正来月经时操作，会比练习的时候轻松。你也可以在棉条的顶端擦些凡士林。

如果练习的时候感到疼痛，那么就下次再练——在学会之前，你可以继续用卫生巾。

棉条推到多深为好？ 棉条应该推到离阴道口略有些距离的位置，否则会很不舒适。如果位置正确的话，你甚至都不会察觉到它的存在。（有时候棉条的线头放的位置不合适，会刺激到外阴，也就是阴道口附近的体表区域，你只需去下洗手间，调整下线头的位置即可。）

不可以将棉条推入得太深——即使线绳在阴道内缠绕，线头也必须放在能够得着的地方。阴道具有弹性，会延展开，很好地包裹住棉条。棉条在体内不会到处旅行，不会找不到，也不会掉出来。

取出棉条 换新的棉条之前，轻柔而有力地拉住线头。如果阴道内比较干涩，经血量比较少的话，拉出来时会遇到些阻力，不过别担心——线绳是不会被扯断的，可以慢慢地将棉条拉出来。

经期工具包

虽然很快你就会知道经期需要些什么，下面我还是要给大家一些建议。你应该在化妆包或专门的文具盒里放置以下物品：

应急经期包

- 卫生棉条和（或）卫生巾。
- 婴儿湿巾，用来擦洗（卫生纸也行）。
- 备用内裤，确保有备无患。
- 两到三个折叠好的小塑料袋。
- 两到三个三明治大小的牛皮纸袋，这样别人就看不到透明塑料袋里面装的是什么。

手头没有卫生用品时怎么办

如果卫生巾和棉条用完了，又刚好着急用，或者月经让人措手不及，你可以问问别人有没有多余的卫生用品。如果是在校期间，可以向校医或信任的老师寻求帮助。在别人家作客时，可以临时向朋友的妈妈借一下，或者打电话（发短信）请父母送过来。

如何遮盖衣服上的血迹 有时候少量的经血会渗透到外衣上。如果自己私下没法弄干净，或者无法彻底洗干净，又不能跑回家换衣服，在这些情况下，你可以：

- 请一位你信赖的大人帮助你：比如去找校医或学校辅导员，或者朋友的妈妈，她们会帮你处理好的。
- 把针织衫或连帽衫系在腰间，让其自然下垂，以便遮住裤子上的血迹。
- 如果书包有比较长的背带，调整背带的长度，让书包刚好落在臀部的位置，到家后再把书包放下来。

在血迹没有彻底清洗干净前，不能用热水、热的洗衣液洗涤脏衣服，也不能将衣服放到烘干机里，因为这样会使血迹变成顽固的污渍。应该用洗衣皂和冷水搓洗，或者按照说明书，用洗衣粉洗涤。

白色的玩意儿是什么

等月经逐渐规律之后，在月经周期的其他时间段，你会注意到内裤上有些透明的白色物质。干了之后会呈浅黄色，看起来脏兮兮的。它们是从你的阴道流出来的，每个人（好吧，应该是女孩和女人）都会分泌这些物质。在两次月经的中间，肉眼不可见的卵子会从卵巢释放出来，这个时候身体就会分泌出白色物质。有些女性会使用卫生护垫，这样可以避免把内裤搞脏，但你大可不必那么做。真的，月经期间用卫生巾已经够麻烦了。我只是想告诉你，白色分泌物是很正常的。你只需要每天换内裤，每天冲洗，就能保持干净舒爽。

3 毛发＆皮肤

一个人的肤色，还有会不会长青春痘，这些都是在他出生之前就已经确定的事情，就好像是在体内早就输入了电脑程序。同理，头发和眼睛的颜色也是预先就设定好的。你的基因可能来自于你的父母、祖父母，或是父母两边更远的亲戚。（这就是为什么父母都不是红头发，而孩子却是红头发的原因。）

头发

头发贼亮的模特

每个人都有所差异，因此头发的种类也多得惊人。有直发、波浪式的头发、卷头发、黑头发、棕色头发、金色头发、略带点红的金色头发、红头发，如果染发的话，还有亮紫色和亮绿色的头发。所有这些颜色（除了紫色和绿色）都是由你的遗传基因决定的。

杂志和网站上铺天盖地的都是关于头发护理和护发素的废话，而电视里则充斥着像是在做慢动作的模特们，她们甩动着富有光泽和弹性的秀发。其实这些都是洗发水生产商的策略，蛊惑消费者买他们生产的洗发水。我们对此完全可以视而不见。

如果头发突然很容易变脏，或者“变油腻”，也没什么大不了的：觉得该洗了，就把头发洗一下（一周至少一到两次）。超市里所销售的洗发水或护发素大同小异，质量都有保证。所以，和家人共用一大瓶洗发水完全没问题。你用不着买多高档的护发素。很多时候，打折的洗发水和护发素都在货架的最下面——想要帮大人省钱，你可以蹲下来，寻找物美价廉的东西！

体毛

每个女孩最后都会长出体毛。肤色发色浅的人和肤色发色深的人相比，体毛不会那么明显。有些人种，比如亚裔，体毛会比其他人种少一些。也有些人会因为体毛比较重而感到烦恼。

有些人会在身体的以下部位长出明显的体毛：

- 腿部，尤其是膝盖往下。
- 胳膊，特别是胳膊肘往下。

继续 ▶

- 眼眉处和鬓角处。
- 上唇处。
- 耻骨联合区，以及两腿之间的其他区域，有时候体毛会长成一条线，一直连到肚脐眼。
- 乳头：有些奇怪的是，随着年龄增长，很多女孩的乳头周围也会长出体毛。

为什么要去除体毛？ 无论是女孩还是成年女性，有体毛是非常正常的事情，但不少人还是会感到心里有压力，想把体毛去掉。更多的女性不会那么做。选择去除体毛的人要么是认为只有男人才会长体毛，要么是因为她们喜欢清除体毛后皮肤光滑的感觉（不过剃掉体毛的第二天，就会长出毛茬儿；如果用的是脱毛蜡或化学制剂，还可能会出红疹子，感到瘙痒）。去除体毛也有些实际的好处——比起光滑的腋窝，腋毛浓密的腋窝出汗出得更快，气味也大一些。

不过，最重要的原因是，在很多朋友圈里，去除体毛显得更时尚，而且脱毛产品制造商们还指望着挣大钱呢。销售脱毛产品的公司，想方设法让年纪越来越小的女孩们去除腿毛和腋毛，让消费越来越趋于低龄化。

很多女孩子在身体长出明显可见的体毛之前，并没有察觉到自己身上的体毛，体毛的出现起初会让她们很讶异，接下来的几年，她们会很开心地忽视腿部、上唇以及腋窝的体毛，也可能一辈子都不是很在意。不过，也有些女孩子还在上小学的时候，就已经长出了很多浓密的黑色腋毛或腿毛，这让她们心烦意乱，还会遭到嘲笑。如果我说“就当没看见吧”，这么说是出于好意，但实际上帮不了你什么。多数女孩还是会把膝盖往下部分的腿毛以及腋窝毛给清除掉。

因此，如果体毛真的给你带来了严重的困扰，并且去除体毛能减少很多烦恼，那么你可以问问自己的妈妈、朋友的妈妈或者阿姨，请她们帮助你做出决定。

如果打算刮掉部分体毛，比如腋毛，你需要先将液体皂或泡沫剂涂抹到相应的区域，然后再用锋利的抛弃式剃须刀（这种剃须刀只能用几次）。注意动作要轻柔仔细。否则剃过的地方会冒出很多疹子，也可能会划破皮肤。

上唇处 如果肤色比较深，那么别人多半是发现不了你嘴唇上方的体毛的。要是肤色比较浅的话，可以到药店（药剂师处）或超市购买体毛或面部毛发漂白剂，将它漂白，从而让体毛“隐身”。千万不要自作主张，因为这个过程其实很复杂，应该请一位信得过的大人帮助你。刮掉上唇的体毛一点好处都没有，会引起严重的皮疹，并且很快就会长出点状的“胡子茬”。还有个办法，就是用镊子将明显的体毛拔掉。不过我还是想提醒下女孩子们，你是把脸贴在镜子前面，仔细盯着看，才会那么清楚地观察到自己的唇毛，其实多数人或许都没有发觉它的存在呢。

阴毛 如果你已经长出了阴毛，并且担心凌乱的体毛会不听话地钻到游泳衣外面，你可以选择覆盖面比较大的泳衣。比如下半身是“平角式”的或连体的，而不要穿比基尼或分体式的。你还可以用迷你指甲剪，小心地将伸出的体毛剪掉一截儿，这样它就不会再探出头来了。

有部分成年女性会去除阴毛，但是并不多。她们一

身上到处都是
细细的体毛……

般是去美容院，由一位助手用黏性很强的脱毛蜡，将阴毛从根部清除——真的很疼，而且价格不菲。有些女性会把阴毛给剃掉，这可能会引起瘙痒，还会割伤皮肤，造成感染。

皮肤

护理皮肤比看起来要容易得多。你只需要了解两件事：

- **保持清洁** 每晚都要洗脸。如果皮肤状态出现了问题，比如油脂过多，开始长粉刺，那么每天早上也要洗脸。不要用肥皂或任何含有皂基的洁面乳，因为它们会洗掉面部的天然油脂。用温水和洁面乳，以及从超市购买的普通面霜护理面部皮肤即可。
- **给予充分的营养** 食用健康食品能增强我们的免疫系统，想要保持皮肤和毛发的健康，还应该多喝水。

过敏和皮肤反应

无论是含有化学成分的产品，还是天然护肤品，甚至有机产品，都有可能引起皮肤的不良反应。借用别人的防晒霜或其他皮肤护肤品的时候要特别注意这一点，如果之前皮肤出现过过敏和皮疹的情况，尤其要注意。 有的产品标签上写着“不含有化学成分”，但这并不意味着产品的质量会更好。没什么东西能完全“不含有化学成分”——即使是水，严格意义上说，也是化学物质，而且有的化学物质，比如说维生素，对我们其实是有好处的。

润肤乳 & 水

洗面奶、洁面乳、润肤水乳以及磨砂膏等并不一定非得是同一个品牌的。如果觉得洁面皂比较干，可以尝试无油配方的洗面奶。“价格更高”的不见得“品质更好”。不要购买任何含有“微粒”的产品，因为这些微粒通过下水道最后进入大海，会对海水造成污染，而且会导致海鱼和海龟窒息。

皮肤上的斑痕

雀斑、痣、胎记、橘皮组织斑纹、伤疤等等，这样的斑痕，每个人身上都会长一种或几种。有些斑痕会更明显些，这是由个体的家族史或肤色决定的，而有的斑痕会越变越淡。有些女孩子会通过化妆来遮盖住斑痕，但是多数女孩会学着接受自己与别人的不同，她们甚至会把斑痕看作自己的独特之处。

粉刺和黑头

尽管人们常把粉刺和黑头跟“青少年”联系起来，事实上，很多女孩子在青春期之前就开始长粉刺和黑头。一旦身体里看不见的荷尔蒙忙忙碌碌起来，就会产生明显的效果，比如胸部的发育和粉刺的出现。你的脸上会时不时地冒出些黑头（堵塞的毛孔）和青春痘，小颗的红点或是疹子。有些姑娘会因为脸上长了太多青春痘而痛苦不堪。医生们把粉刺称为痤疮。如果痤疮很严重的话，我们不能任其发展，有许多办法可以帮助到你。

FACT

粉刺的真相 脸上长粉刺或黑头不是你的问题，你并没有做“错”什么。荷尔蒙才是引起粉刺和黑头的真凶。棒棒糖、巧克力、糖果、油腻的食物、灰尘、细菌，或者没有摄入足够的水分，这些因素和粉刺黑头并没有太大关联。

粉刺和黑头究竟是什么？ 荷尔蒙会让你的皮肤分泌大量的皮脂，接着让脸上冒出疹子，而疹子又会造成毛孔（皮肤上的小孔）的堵塞。这会造成皮下组织红肿发炎，然后冒出更多的疹子。黑头就是堵塞的毛孔——但其实并不是毛孔里滞留的灰尘堵住的。黑头看起来脏脏的，是因为一旦堵塞毛孔的东西暴露在空气中，它的颜色就会变深。

粉刺大作战 如果皮肤上冒出很多粉刺，而且你觉得它严重影响了你的生活，那么你应该请爸爸或妈妈带你去药房。买最便宜的非皂基洁面乳和含有 2.5% 或 5% 过氧

化苯酰的抗粉刺面霜（向药剂师咨询）就可以。按照说明书的指示使用面霜。如果6周后没有明显的改善，粉刺问题仍旧让你心烦意乱，或者你和父母都是疤痕体质的话，那就需要求助家庭医生。父母应该请家庭医生为你安排“转诊”，帮你联系皮肤科的专科医生，他会采取合理的治疗方法。

健康食品店所售的“天然补充剂”和网络上销售的号称有自然疗效的产品，并不能消除粉刺，有的甚至会危害到健康。无论采取什么疗法，一定要先咨询家庭医生。

粉刺可以挤么? 我们常听人说粉刺不能挤，一挤就会留下疤痕，产生细菌，简直快谈虎色变了。不过不用害怕，有时候你还真有必要挤掉那么一两个，但动作一定要轻柔哦。记住，皮肤内部产生细菌是自然而然的事情，你的身体正努力地想把这些黏糊糊的东西赶出去，这才会产生白头。

如果白头已经快要发出来的话，你可以轻轻地把它挤出来。首先，把手和脸洗干净。将针或大头针消毒，用针尖将粉刺的白色“头部”轻轻地挑出来。不能太用力，轻轻挑过后，如果白头还没有冒出来，那么就得停手。胡乱地戳来戳去只会让红肿变得更严重，或造成出血和擦伤。

如何遮盖粉刺 用来遮盖粉刺的粉底或“遮瑕棒”必须是无油配方，并且应该和你本身的肤色相近，要不然的话，脸上只是多了另外一种突兀的颜色，那就没什么意义了。

痘印　如果你总是不自觉地抠或者拨弄粉刺的话，很有可能会留下疤痕。有种粉刺叫“闭口”粉刺，就是发炎的红色包块，顶上没有白头的，也会留下疤痕。痘印一旦形成，就很难遮盖或去除，所以最好的办法是预防。我们都有可能遗传家族的疤痕体质，但是亚洲人的疤痕体质更多见些。

肤色

任何肤色都是美的。在你尚未出生之前，肤色就已经决定了——肤色取决于你的父母亲和祖先是来自于北欧或北极圈的偏白色人种，还是来自于非洲、巴布亚新几内亚的人种，或者是澳大利亚的土著，还是来自于太平洋群岛、印度、巴基斯坦、斯里兰卡、地中海、亚洲、南美洲等地的人种。

在有些地方或者有些朋友圈里，女孩子以深色皮肤为美，她们会美黑。而在其他国家或群体中，女孩子会用美白产品，因为她们觉得皮肤白更好看。这些做法不仅不值得，而且有时候还很危险，此类产品不仅价格不菲，有些面霜和乳液还会导致皮肤过敏，而且美白产品还可能损伤皮肤。

阳光和皮肤的保护

你应该用防晒霜来保护自己的皮肤。如果年轻时就涂抹防晒霜，那么等年龄大的时候患皮肤癌的概率会小很多（长皱纹的概率也更小）。防晒霜的防晒指数以 30+SPF 为宜。更高的防晒指数，比如 50 往上，我认为没有必要，你也不用买昂贵的品牌。即使不游泳，带防水

摄入足够的维生素 D

皮肤黑的，经常戴头巾的或身体总是被衣服裹住的女孩子们，听好了：你需要额外补充维生素 D，也就是说，你得尽可能地多晒太阳。深色皮肤的人跟浅色皮肤的人相比，想要吸收同样数量的维生素 D，接受日光照射的时间得更久——如果你的皮肤非常黑（比如是非洲裔），那么在操场运动的时候，最好不要抹防晒霜或戴帽子。而女孩子如果经常戴头巾或面纱，或者用衣服遮住胳膊和腿，那么你应该尽可能地露出面部和四肢，多晒太阳。（注意不要晒伤。）要是你居住的地方天气多半时候是寒冷多云的，那么尽量在冬天多晒太阳，尤其是深色皮肤的人。对此有疑问的话，最好咨询医生，看看是否需要口服补充维生素 D（片剂），请医生给你设定好每日的剂量，青少年和成人的摄入量是不同的。

的防晒霜也是最佳选择。

确保涂到脸上的护肤品，比如防晒霜，不会堵塞毛孔（购买时认准“不含致粉刺成分”“无致痘性”或“无油配方”的产品）。

小麦色皮肤 让阳光把皮肤晒成“小麦色”是有危险的，阳光会损伤你的皮肤，以后甚至还可能会引起皮肤癌。美黑之所以流行，是因为生产商的大肆宣传，并且给明星赠送免费的美黑产品。美黑就是将染色剂擦或喷到身体上，或用海绵拍到身体上。

美黑得过了头的明星，我们见得可不少。他们看起来就像根巨大的、亮闪闪的、戴着墨镜的橙色胡萝卜。有些表演性的运动项目在举行重大活动时，会要求运动员美黑，这个做法真是愚蠢透顶。不如干脆更彻底点，把皮肤都弄成柠檬绿色，那样岂不是更有趣?

汗液的分泌

荷尔蒙水平的变化会让腋窝、两腿之间和脚上的汗腺增多。刚进入前青春期阶段的时候，不妨每天早上或晚上冲个澡。也可以在腋下喷些止汗剂。止汗剂（也叫香体露）可以有效地减少汗液的分泌，防止身体产生不好的气味。使用滚珠式香体露可以避免将喷出的颗粒吸入身体。

一个人汗液的多少主要是取决于遗传基因。有些人出汗比较少，因为他们的家族就是这样的少汗体质。

身体穿孔装饰

你是不是已经打了耳洞了？在身体上打孔可能会引发感染，导致严重的疾病，所以如果想打的话，一定要让你的看护人陪你一起去。打孔时必须使用新的用具（其他人用过的可不行），并且确保用具仔细消毒过。在澳洲未满 16 岁或 18 岁的青少年（居住地不同，规定也不一样），在未经父母允许的情况下给身体打孔是违法的。

文身贴

真正的文身是故意在身上弄出斑痕，然后往斑痕中注入水洗不掉的墨水，非常显眼。这种文身是永久的，但是褪色、变形或图案下垂扭曲是有可能的。在澳大利亚的大部分地区，18 岁以下文身是违法行为。在有些度假胜地或者狂欢节、游园会的摊位上，你可以购买印度海娜手绘或其他种类的临时文身、面部彩绘等。你也可以购买成套包装好的文身产品，用临时染色剂或文身贴装饰身体。有些产品中的染色剂含有的化学成分会引起严重的过敏反应，某些情况下甚至会损伤皮肤，留下疤痕。在使用前，一定要确保面部彩绘的颜料或“临时文身”对你来说是安全的。

PART 2

保持健康

4

运动

团体性运动、跳舞、遛狗，或者和狗狗一起玩无板篮球，无论哪种体育运动都是有益的。它不仅能让你的心情更好，状态更佳，能量更加充沛，还可以保证良好的睡眠，帮助你击退细菌，认识新朋友。

体育锻炼

体育活动，也叫锻炼，能让我们感觉好极了，也能帮助我们保持身体健康态。四处活动活动，将血液运送到身体各处，吸入氧气再呼出，这本来就是身体该做的事情，也是运动为什么会让人身心愉悦的原因。锻炼可以强韧骨骼和肌肉。你会觉得自己更有力量，更快乐，更勇敢，也更沉着。锻炼跟发自肺腑的大笑所产生的效果一样棒。

不锻炼会怎样

如果不运动的话，你会觉得状态很差，更疲劳，也更不开心。待在一个地方无所事事，或者一整天坐着，那么想击退感冒病菌或其他致病菌对你而言会更困难。

哪种锻炼最好

无论哪种锻炼，只要适合自己，不仅能把你累得气喘吁吁，还好玩有趣就行。团体性运动很好，那种没有规则，也没什么竞争性的运动也行。在公园里闲逛、在海滩奔跑、遛狗、学习划独木舟，都挺不错。我最喜欢的运动是：在休息室（或者床上）跳舞！（嘘，千万别告诉你父母我说过这些！）本章在后面列有女孩们最喜欢的运动清单，供大家参考。

锻炼多久合适

每天运动的时间以一小时为宜。注意：一小时是你努力的目标，而不是用来束缚你的规定。另外，每天对着屏幕的时间（电视、电脑、手机、游戏机和其他电子产品）不能超过两小时。绝对不可以！

“每次运动完，我都会感觉好多了！”

——杰哈尔纳

保持健康还需要……

除了锻炼，还有些其他保持身体健康的好办法：饭前便后要洗手，每天刷两遍牙。生病或受伤时，要请父母带你去看家庭医生。无论是儿童还是 10 到 13 岁的女孩子，都应该接种疫苗，一次也不能漏掉，疫苗还可以防治某些种类的癌症。

好玩又能健身的女孩运动

绳降 * 健美操 * 日式合气道 * 水中有氧操 * 射箭 * **田径** * 澳式橄榄球 * 羽毛球 * 菲律宾棍术（贝林塔沃克）* 交谊舞 * **棒球** * 篮球 * 沙滩排球 * 肚皮舞 * 雪橇比赛 * 地掷球 * 俯伏冲浪 * 徒手冲浪 * 卧式冲浪 * 保龄球 * 搭树屋 * 建篱笆 * 丛林徒步 * 独木舟 * **巴西战舞**（卡波耶拉舞）* 有氧搏击 * 健身房有氧训练 * 手拿，而不是用购物车推买到的食品杂货 * 杂技 * 充满干劲地打扫卫生 * **爬树** * 当代舞 * 板球 * 槌球 * 越野跑 * 越野滑雪 * 冰壶 * 自行车 * **舞蹈课** * 把门锁上，在床上跳舞 * 走路或骑车送报纸、发传单 * 挖坑种树 * 跳水 * **训练狗狗** * 弹力带健身 * 飞钓 * **飞盘** * 采摘水果 * 园艺 * 在椅子上坐下站起 * 滑翔 * 遛弯 * 高尔夫 * 健身器材 * 体操 * 在家锻炼腕力 * 韩式合气道 *

远足 * 嘻哈舞 * **曲棍球** * 骑马 * 呼啦圈 * 冰上曲棍球 * 滑冰 * 直排溜冰 * 爱尔兰民族舞 * **标枪** * 爵士舞 * 慢跑 * 柔道 * 柔术 * 跳高 * 空手道 * 皮划艇 * 剑道 * 风筝冲浪 * 放风筝 * **长曲棍球** * 拉丁舞 * **草地保龄球** * 提前下车（火车、电车、公共汽车），走到目的地 * 排舞 * 跳远 * 午间散步 * **队列操** * 现代舞 * 放牛 * 无挡板篮球 * 定向运动 * 残奥会项目 * 学校的体育课 * **法式滚球** * 普拉提 * 捉迷藏 * 跟小朋友一起运动 * 疯狂地敲鼓 * 健步行走 * **模拟拳击** * 推婴儿车 * 投环游戏 * 当裁判 * 骑车去上学 * 攀岩 * **溜旱冰** * 划船 * 联盟式橄榄球 * 联合会式橄榄球 * 跑步 * 跑上楼 * 萨尔萨舞 * 潜水 * **投篮** * 推铅球 * 滑板 * 快速滑板 * 滑雪 * 跳绳——自己跳或跳大绳 * 浮潜 * 单板**滑雪** * 英式足球 * 垒球 * 墙网球 * 工作时把东西搬到搁架上 * 爬楼梯，不坐电梯 * 动感单车 * 拉伸 * 冲浪救援 * 冲浪 * 游泳 * 摇摆舞 * 花样游泳 * 跆拳道 * 乒乓球 * 英式非撞式橄榄球 * 太极 * 踢踏舞 * 网球 * 触身式橄榄球 * 训练 * **蹦床** * 空中飞人 * 跑步机或在家跑步 * 种树 * 翻跟斗 * 自己在家打模拟运动游戏，比如网球 * 荡秋千 * 水下曲棍球 * 用吸尘器打扫 * 排球 * 遛狗（或打零工）* **和妈妈散步** * 负重训练 * 漂流 * 风帆冲浪 * **伐木** * 摔跤 * 赛艇 * **瑜伽** * 佐罗式击剑（好吧，虽然没人这么说，但是我喜欢加上“佐罗式”这个词）。

5 饮食

记得要好好吃东西啊！好的食物不仅能让我们更健康，更快乐，也能让我们更聪明。你的个子一直在长（就算你没注意到），骨架变得越来越大，在未来的几年里，衣服的尺寸也会变大几个码，因此规律的饮食和优质的食品是很必要的。

健康饮食

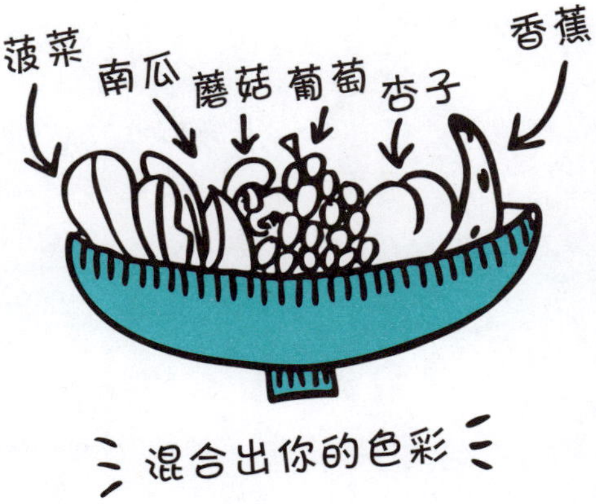

每天要吃大量不同颜色的蔬菜（不同颜色的蔬菜含有身体所需的不同的维生素和矿物质）。常见的五种颜色指的是蓝紫色蔬菜、黄橙色蔬菜、红色蔬菜、白色蔬菜和绿色蔬菜。

只吃薯条是不行的！薯条不能替代其他种类的蔬菜。另外，每天还应该吃新鲜水果——水果卷、果味饮料或果味酸奶可不是水果。一日三餐还应该包括蛋白质（肉类、豆类、奶酪、牛奶或坚果等）和谷物（比如大米、面包和意面）。

尽量选择天然的，能很好地保留住本味的食物。也就是说，新鲜苹果比糖水苹果罐头、苹果味的果冻或超市买来的水果卷要好。多数听装或包装好的食物都含有调味料等，是“加工过的”食物，它们含有的营养成分，比如维生素和矿物质相对来说要少，并且很有可能还添加或产生额外的糖分和盐分，以及其他的添加剂等人体不需要的东西。（但冻干蔬菜对身体很好！）

FACT

具有欺骗性的食品标签 贴有“有机”或“天然”标签的食品不一定就是最健康的——它们也可能含有盐分和糖分。“天然”只是商家为了干扰消费者的幌子而已。啊，真是太过分了！

早餐

我必须强调一下，早餐非常重要！一定要吃早餐！丰盛的早餐能让你坚持到午饭时间，而不会因为饥饿变得脾气暴躁，大脑也不会思路不清。全麦和富含谷物的面包、燕麦片（比如麦片粥）比大包装的即食谷类食物更有益健康，因为后者往往会添加不必要的糖分，并且很多营养成分被破坏掉了。早餐还可以包括其他种类的健康食品，比如奶酪、坚果吐司、香蕉、果蔬混合汁，还有煮鸡蛋。（你可以在前一天晚上将鸡蛋煮好，早上从冰箱拿出来就可以直接吃了。记得不要将煮熟的鸡蛋和生鸡蛋弄混，否则你的便当盒就遭殃了。）

素食主义者

不吃肉的女孩子们一定要仔细地制定膳食计划，有针对性地选择食物，让营养跟得上大脑和身体的发育，毕竟有些维生素和矿物质是很难从素食中摄取到的。

如果你想吃素，最好先和医生或有资质的营养师谈一谈，向父母了解一下怎样才能获取足够的营养和身体所需的某种维生素。从前青春期到青春期，你和成年人所需要的营养会有所差异——你得摄入更多的蛋白质和铁，还有维生素 B12。目前很多关于素食主义的营养信息都是针对成年人的。（从法律层面讲，每个人都可以自称为“营养师”，这是我为什么在前文强调要咨询“有资质的营养师”这个词的原因，营养师特指受过正规医疗训练的人。）

FACT

健康小零食 好的小零嘴儿包括胡萝卜条和南瓜条，自制的不含黄油和黄油替代品的爆米花、水果沙拉和奶酪。健康的午餐应该包括沙拉和含有蛋白质的食物，比如奶酪或金枪鱼，还有至少一样水果。

喝什么

身体最主要的液体摄入应该是水。在家或在校期间，你可以将水瓶灌满，想喝的时候就喝一些。加了维生素 D 的纯牛奶也是个不错的选择。

汽水，也叫软饮料或苏打水，并不是很健康。买来的果汁或盒装的果汁和加糖的果汁，也不太好。这是因为果汁中的纤维素含量比较低，而汽水和甜果汁又含有很多糖，以至于人们把它们称之为液体棒棒糖。这类饮料以及“健怡”饮料，多半都含有酸性物质，会腐蚀牙齿，在牙齿上造成空洞。

不管是疲劳的时候还是运动的时候，都要向“运动饮料”和“能量饮料”大声地说不。它们对儿童的健康很不利，咖啡因的含量很高，还含有过量的糖分。瓜拉那类饮料、可乐、咖啡和茶同样如此。巧克力也含有咖啡因，少吃点没关系，但是吃多了会让你莫名其妙地变得很兴奋，从而影响到睡眠。（我在看着你呢，复活节小兔子。*）

水才是你口渴时需要的，而且还不用花钱。

* 译者注：根据欧洲古老的传说，野兔终身不闭眼，它们能在黑夜里，观看四周其它的动物。

蛋糕类食物、外卖或快餐食品

高糖高盐高脂肪的食物指的是蛋糕、玛芬、某些种类的面包、薯条，还有快餐食品，比如汽车餐厅售卖的汉堡和炸鸡等。偶尔吃一些是没关系的。

食物过敏 & 食物不耐受

食物过敏是指当你吃了或接触到某种食物的时候，会产生过敏反应，它可能会很严重，甚至威胁到生命。有些人对花生和坚果过敏，有的人对海鲜过敏，还有人对鸡蛋或其他食物过敏。食物不耐受则指你的肠胃很难消化或处理某种食物，如果吃了的话，会觉得恶心或长疹子。对有些人来说，“诱发性食物”可能是乳制品，也可能是食品中的某种天然或添加的化学物质。每个人的食物过敏反应和食物不耐受有所差异，我们应该尊重他们这种差异。

疑似食物过敏和食物不耐受需要得到医生专业的确认，父母或自然理疗师的话可不算数。你应该请过敏症专科医师帮助你找出过敏源。如果只是怀疑自己有过敏现象，就拒绝食用某种食物，可能会导致健康问题。有时候腹痛等症状并不一定是由过敏引起的，其他不明显的疾病，比如紧张焦虑，吃得太多，或是吃到一种好久没吃的食物，都可能会造成腹痛。

食物过敏和食物不耐受的症状包括，出疹子、流鼻涕、恶心、放屁、便秘（大便不畅）、腹胀、腹痛、呕吐、喘不过气，也有极为罕见的症状，比如会危及生命的过敏性休克。

如果确实存在食物过敏或食物不耐受，务必要让负责看护你的大人知晓。关于饮食方式这个问题，处理起来既要坚定，又要充满智慧，可以勇敢地大声说“不”。要是有大人不相信你说的话，就告诉他们“你可以去问问我的爸爸 / 妈妈 / 医生”。

健康的身材

很多人以为越瘦就越健康，而变瘦最好的方法就是节食。这是不对的。下面我就来讲讲为什么。

如果你的身体能够较好地完成你需要做的以及你想做的活动，并且能抵御疾病，那么你就是健康的。你需要摄入很多能量，也需要适量的脂肪，实际上，你们完全不必知道自己究竟有多重。就你们的年龄段和身高来说，并不存在确切具体的健康体重标准或者完美体重的标准。能跑多少千米，衣服多大码，这些也都没有统一的标准，你用不着盯着这些数字。只要摄入足够的、有益身体的健康食品，再加上大量的运动，你的体重就会保持在健康范围内。

如果体重低于或超过健康的体重范围，可能会造成内脏的紧张状态，从而更容易受伤和生病。

“健康不健康不是只看胖瘦，跟别人的看法也没有任何关系。如果你对自己的状态很满意，饮食合理，精神很好，这就是健康。”

——拉娜

体型

待发育成熟之后，你的胖瘦会受到所摄入的食物和运动量的影响，但是无论胖瘦，身材比例并不会改变。你的身材比例和你吃的东西、星座、血型并无关联，而且无论是古代人编造出来的理论，还是某个现代人为了兜售愚蠢的减肥书籍发明的最新理论，都无法改变你的身材比例。那都是骗人的瞎话。我们的身材比例和将来能长多高是通过基因组合，从亲属那里遗传来的。你可能跟你的姊妹或妈妈一点也不像，反倒是跟从未见过面的姨婆很相似。即使两个人的饮食习惯和运动量完全一样，他们的身材比例也会有所差异，这是由基因决定的。

我们都需要脂肪

说到脂肪，怎样才算是正常自然的状态，女人们对此总是抱有错误的看法。我们需要脂肪！随着年龄的增长，女孩子们不仅仅身高要增长，肌肉要增长，脂肪也得增长，才能够保持健康！这是成长为一名年轻女性的必经之路。不管是匀称的身材，超级性感的身材，还是普通的身材，都需要脂肪，它有利于我们的健康。体内有脂肪并不代表肥胖。

从平均值来看，10 岁女孩身体的脂肪含量比同年龄的男孩要多 10% 到 15%，她们也确实需要那么多脂肪。一名成年女性身体的脂肪含量比男性多 10% 到 30%。

从女孩成长为女人的过程中，脂肪的增长主要在胸部、臀部和腹部。我们需要脂肪，有了它，才会出现规律性的月经，没有脂肪是无法成功地孕育一个宝宝的。如果身体的脂肪含量低于健康基准线的话，将会引起各种各样的问题，比如头发暗淡无光，容易骨折等。

瘦也没关系

一个真正的女孩或女人，不一定非得有丰满的胸部或饱满的臀部。基因决定了有些女孩个子就是瘦小或瘦高，并且一辈子都是这样，不管是在发育前还是发育后。天生就瘦的姑娘和身材曲线分明的姑娘一样美丽。

你的身材你做主

别人对你的身材品头论足时，他们说的那些尖刻的、没经过大脑的话，你不要放在心上。即使你的妈妈或其他你爱的人也会说错话——他们或许因为自己不太在意体重和饮食的问题，才会这么说话，也可能是心情不太好才会出口伤人。

“节食是很愚蠢的，会让你变得肥胖，感觉自己很糟糕！！永远都不要这样做！节食不好玩，任何告诉你这样做的人都有问题，你应该让他们去看医生。”

——埃米莉

为什么“节食”不好

“节食”是个很有歧义的词。连大人也会被搞糊涂。有些人认为“节食”是“合理饮食”，就是保持好的饮食习惯。但是“节食”听起来好像又有“节食减肥”的意思*。我想说的是，“节食减肥”并不好，不仅会影响身体健康，也会让你的头脑陷入混乱。很多带有“减肥”和“低脂”标志的食物或饮料含有大量的糖分，反而会让你长胖。

你或许有时候会听大人说节食是件好事，他们应该节食；杂志上，应用软件App上，以及跟你交谈的人那里，到处都充斥着关于“节食”的内容。即使这样，节食仍然是个不太好的主意——尤其是对孩子和青少年来说。

大人节食的原因比较复杂，但多半是想“减重”。实际上，节食才是减重的敌人。百分之九十九的人通过节食可以减轻些体重，但是过后又会反弹。“节食”的时候，身体发送到大脑的饥饿信息会陷入紊乱无序的状态。身体觉察到饥饿，于是发送更多指令信息，要求吃更多食物，就这样大脑一直想着食物，同时又在身体贮存能量为饥饿做准备。这对身体和大脑都不好。

*译者注：英语中的“diet”一词既有“节食”的意思，也有“饮食”的意思。

禁食

禁食，即一整天都不吃东西，对儿童来说很不健康。大人和小孩都不需要“排毒”节食。不必非得参加任何慈善性质的禁食马拉松，你可以通过其他方式支持慈善事业。

出于宗教的原因，有些女孩会被要求在特定时间进行禁食。多数女孩都是等到了12到20岁才会遵循这种传统，具体开始禁食的年龄取决于其家庭，所去的教堂，以及犹太会堂或清真寺对于“成年”的界定。对此，许多学校与学生家长和当地的宗教领袖达成了一致，并制定了相关政策。很多家庭和学校仍旧保持四旬期、斋月或赎罪日的传统，不过不再让孩子们禁食，而是让他们通过义务劳动或募捐的方式帮助贫困的人，并且和家人一起祷告。

在进行任何形式的禁食之前，都要和家庭医生商量：如果生理和心理两方面都未做好准备，那就不要禁食。你们这个年龄的孩子尤其需要从食物中摄取足够的蛋白质和钙，另外，一天中要随时随地饮水。年龄大些的孩子进行宗教性禁食时，可以少吃，不要不吃，带些点心，饿得不行时可以吃一点，防止晕倒。

节食有多可怕 疾病、饥饿、放响屁、疲惫、焦躁易怒、健忘、头痛、肌肉痉挛、便秘、骨质疏松……缺乏维生素和矿物质因而更容易生病，出现皮肤问题、抑郁、有口气，以上种种都可能是节食带来的恶果。因为节食的缘故，你会被终生挥之不去的无力失控感和对食物偏执怨恨的坏情绪困扰着。

“节食不好。健康的饮食方案和运动计划可比节食好多了。奶奶跟我讲过节食这事儿，听完之后，我差点气疯了。”

——索菲娅

FACT

总结 改变“饮食”，吃更多的健康食物 = 很棒

为了减肥“节食” = 很糟

进行“节食”会扰乱大脑里的正常信息。就像你什么时候饿了，什么时候吃饱了，什么时候需要进食，或者你是否觉得自己在正常的体重范围内这类信息。

PART 3

家庭

天底下的家庭各式各样，它们规模不同，组成各异。妈妈带一个孩子是个家庭，爸爸妈妈、爷爷奶奶加上三个兄弟姐妹也是个家庭。对了，家庭成员或许还包括一只宠物雪貂。如果你足够幸运，那么家里会到处充满了洋溢着爱的拥抱，家人也会很乐意倾听你说话并且帮助你。

6 幸福的家庭

怎样才算幸福的家庭？

每个家庭都会面对这样那样的挑战，每个家庭也可能并没有看上去那么幸福。不过的确有些家庭会更美满些。美满的家庭具备以下共同的要素，尽管不是每个家庭都能做到这些，但是只要朝着这些目标努力，家庭生活就会更幸福。

美满家庭的成员通常会:

- 爱家人并表达出爱意。
- 喜欢并尊重对方。
- 坦诚地和家人沟通。
- 喜欢和家人待在一起。
- 和家人一起解决问题。
- 共同渡过难关。
- 没有严重的心理负担，比如未患有心理或生理疾病，没有吸毒酗酒，没有经历过战争或极为痛苦的创伤。
- 财务状况尚可，不用一直担心经济的问题——不一定非得有多少钱，这关乎看待金钱的态度。
- 愿意共同努力，想办法让家变得更好。

"有过幸福的时光，也经历过困难的时候，我们总能渡过难关。无论发生什么，我知道家人总会对我不离不弃。我爱他们。"

——凯西

与父母相处

如果和父母的关系和睦，那么一切都会容易许多。和父母相处的关键是让他们了解你。告诉他们你的想法、你的渴望是什么，又为什么会感到焦虑不安。无论是遇到困难的时候，咬紧牙关、使出全

力的时候，还是心花怒放的时候，都可以跟他们分享。让他们知道，你希望成为他们的骄傲。

要坦诚。把你的真实感受告诉父母，这样他们就不用去琢磨你的心思了（有时候父母猜得不一定对）："我感觉非常愤怒，因为我真的很想走掉。"如果跟父母说起令他们担心的事情（比如有人主动给你毒品），他们就开始恐慌害怕、大喊大叫，那么直接告诉他们，这样只会让你下次什么也不想说。

不用把所有事情都告诉父母，你有权利保留自己的隐私和思想，但是父母了解你的话，你们会相处得更好。

尝试着去了解父母的想法（如果父母经常离家在外，或者很忙，或者心不在焉，那么这点很难实现），也很有用。

怎样了解父母

- 寻找合适的时机，提出要和父母一起散散步，在他们上班前或下班后都可以。这是聊天的好机会。
- 帮着一起准备晚饭，然后一起用餐。
- 花点时间去了解和你相处得比较少的那一方父母（哪怕是通过短信、电子邮件或聊天软件）。
- 一家人一起出游或度假（你可以折中一下，自己想做的事情可以放到其他时间）。
- 父母遇到难关的时候，你可以帮忙做分外的家务活，表示对他们的支持。

> "我什么都跟妈妈讲，我知道她不会因此而随意评判我。"—— 阿耶

- 如果父母希望你能看看他们的工作或者一起参加体育赛事，那么就去吧：在你需要的时候，他们也会更愿意回报你的好意。
- 让父母知道，你很感激他们为家庭所做的一切，你为他们感到骄傲。
- 父母道歉时，接受他们的道歉，正如你也希望他们可以接受你的歉意。你的年龄不小了，应该知道父母并不是完美的：他们也会犯错，处理问题的方式也不一定都是正确的。

更好地了解父母

问问父母：

* 他们跟你一样大的时候，热爱什么。
* 他们孩提时做过的淘气事。
* 什么会让他们快乐。
* 什么会让他们难过。
* 这一辈子最想做的事。
* 工作中必须得做的事，以及是否喜欢这件事。

- 问问父母，他们跟你一样大的时候，家里给他们定的规矩是什么样的。

兄弟姐妹

和兄弟姐妹相处得怎样，这跟你们的年龄和个性有关系。家里是否有哪个孩子需要父母更多的健康照顾；父母有没有把你当作独立的个体，平等地对待你（不一定非得一视同仁，但是你能得到父母的爱和公正的对待），这也会影响同胞兄弟姐妹的关系。

姊妹之间的战争

有兄弟姐妹的好处

- 他们能够理解你的想法。
- 你们可以联合起来，对抗父母。

- 在需要的时候，他们是最忠诚的朋友。
- 在他们那儿，你可以找到归属感。
- 你们可以互相分享许多秘密和共同的回忆。
- 弟弟妹妹得仰视你，尊重你。
- 哥哥姐姐和父母努力抗争，获得自由，你坐收渔翁之利。
- 一般情况下，你们吵架不一会儿就会和好。

有兄弟姐妹的苦恼

- 爸爸妈妈最喜欢的好像不是你。
- 由于性格问题，你们会发生冲突。
- 他们会私自拿你的东西。
- 他们侵犯了“你的”私人空间（或者言语冒犯到你）。
- 大家以为你们兄弟姐妹都差不多。
- 大家认为你应该“循着哥哥姐姐的脚步”往前走。
- 大家认为你应该为弟弟妹妹的行为承担责任。
- 大家认为你在家庭中的位置，决定了你是怎样的性格。

不同结构的家庭

无论爸爸是玻利维亚的高空秋千艺术家还是水管工，也不管妈妈整天戴着装饰有羽毛的头巾还是教育部部长，多数孩子都觉得自己的家庭很“普通”。即使是“普通家庭”，多数也都有它独特和不可思议的一面，天底下没有千篇一律的家庭！

单亲家庭

你可能有段时间只跟父母的某一方住在一起，或者从出生到现在，你只见过爸爸或妈妈。这或许是因为另一位父母已经离开了这个世界，或无法到你生活的国家；也许是因为他（她）从一开始就不想过家庭生活，或在分居（离婚）后选择了离开。

有的父母不愿意出现在孩子的生活中。这绝对不是孩子的错。有些父母在面对抚养孩子的责任时束手无策，也可能从来就不懂得怎样去构筑一个幸福的家庭。这样的父母会让你心情很低落，你会为此而生气，这些都可以理解，如果你能找个人倾诉一下，感觉会好很多。你现在能和父母中的一方过得很好，成为最佳拍档，你应该为此感到自豪。

领养家庭

突然发现自己原来是领养的孩子，会让人很茫然失措。领养你的家庭如果能在一开始就坦诚地告诉你真相，那么接受起来会容易许多。

随着年龄的增长，你或许想找到自己的生身父母。很多人会选择在满 18 岁之后，再去见生身父母，从情感层面来说，这迈出的是一大步，会让你成长许多。有些人则不会跟养父母提出这样的请求，因为担心会伤害到他们的情感。

有很多机构可以帮助你找到生身父母，安排你们相聚。但是，未经你的允许，这些机构不能将你的联系方式透露给任何寻找你的人。

和生身父母再次会面，结局圆满的也有，不成功的也有。在会面之前，你得把很多事情想清楚，你是希望双方的关系一直接续下去，还是只见一次面就此结束。心理上准备得再充分，结果也可能让人无法预料。

混合家庭与继亲家庭

多数父母在分开之后，有的很快，有的会等上几年，寻找一个新的伴侣，重组一个新的家庭——有时候这位新伴侣带着自己的孩子，也可能会和你的生身父（母）亲再孕育孩子。这种情况就被称为“混合家庭”或“继亲家庭”——所有的孩子生活在同一个屋檐下，有时候也会去之前的父母那里住一段时间。

组建一个新家庭究竟是怎么回事，要想完全弄清楚这个问题可是个大工程，尤其是在你还没有彻底消化掉原生家庭破裂所带来的冲击之前。对于孩子来说，真正认识到生身父母再也不可能在一起了，是一件非常痛苦的事情。

适应一个新的混合家庭，无论是从情感上来说（你不可能自动喜欢上新的家庭成员），还是从日常生活来讲（比如突然要和更多人共用卫生间），都需要时间去慢慢适应。你会有一种失控的感觉，既无法选择家庭成员，也无法选择生活的方向。这时候和父母要保持沟通，必要的话，向你信任的亲戚或家庭的朋友倾诉你的焦虑和不安。

关于家庭破裂的内容，本书后面还有介绍。

混合式家庭

7

让家变得更美好

尽管外人看不出来，但是每个家庭都会遇到暂时的问题，或者会经历较长的困难期。即使家庭内部不是很和睦，也可以向家庭成员寻求帮助。

不幸福的家庭

每个家庭都有它的矛盾和秘密，每个人在家庭中对应的角色也不一样（逗乐的小丑角色、爱调停的和事佬角色、顽皮淘气的角色……），而且有些家庭甚至是处于紊乱的状态（无法正常运作），气氛紧张，大家经常争吵。不过，还是有很多家庭能够学会将发生在两代人之间的吵闹，以及兄弟姐妹之间的吵闹，变成理性的、心平气和的商讨。

如何缓解争执

家庭成员可以达成一致，制定准则，帮助大家缓和矛盾。下面举些例子：

- 任何家庭成员都有权利和另一位家庭成员约定好时间，商讨问题；有权利召开家庭会议。
- 不可以打断别人说话。别人说话时，所有人都必须认真听，耐心地等待，轮到自己时，方可说话。
- 任何人都不可以在别人没有说完的情况下，单方面结束谈话——但是如果有人情绪过于激动，可以先暂停谈话。
- 不能大喊大叫，说侮辱别人的话。
- 不能有肢体上的攻击行为。
- 噘嘴、板脸、面露愠色、暴躁地来回走动、唉声叹气、摔门，都是不允许的。
- 谈话时，不能冷嘲热讽，也不能有故意模仿他人或其他不友好的行为。

如果谈话偏离正轨，那么不妨让家人试试下面这个办法：一旦有人提出问题，就应该商讨如何解决这个问题。

每个人都谈谈自己的想法，说说各种方法的优缺点，直到达成一致。

帮助你（和家人）缓解矛盾和紧张的方法

每个人都有情绪不佳的时候。你可以：

- 对着枕头尖叫。
- 做能让自己放声大笑的事情。
- 泡个澡。
- 出去散个步。
- 和好朋友聊聊。
- 在自己的房间发疯似的跳舞，跳个 15 分钟。

第1步 拿个枕头；

第2步 把头埋到枕头里尖叫吧！

没有父母的陪伴时

- 温和委婉地请他们关注到你。可以这么向父母建议："妈妈 / 爸爸，我们近期能不能一起做点什么，比如做块蛋糕、看场电影或者玩扔飞盘？"
- 告诉父母，他们很忙你可以理解，但是你可不想成为那种靠捣蛋犯错来吸引父母注意力的孩子。这么说一定会吓到他们，再也不敢忽视你了。
- 如果父母目前很忙，或者手头的项目才忙了一半，可以和他们提前约好时间，然后等他们忙完了再一起聊聊天或参加活动。
- 如果父母一直很忙碌，那么问问他们，这种状况什么时候会有所好转，或者问问你能做些什么，帮助他们改变忙碌的状态。
- 等到合适的时机再和父母沟通。父母接电话时，或者手头有事情在忙时（包括过马路的时候）不要打断他们。
- 学着说一些父母爱听的话语，比如"我很想听听你的意见""我觉得你可以帮助我"，或者"可以跟你一起吗，不知道我能不能帮点什么？"……
- 试着和父母定期"约会"——比如周日的早午餐时间或者周五晚上一起散步。

家庭变故

家庭的破裂

有很多孩子的父母最终选择分开或离婚（离婚是更正式的，法律上的说法）。

得知父母要“分手”的时候，有的孩子觉得这消息简直是个晴天霹雳；而有的孩子则干脆拒绝接受。实际上，成年人一般都是经过一番深思熟虑和痛苦挣扎，才会做出分开的决定。

有些父母虽然分开了，还能继续保持友谊，逢年过节时聚到一起，还像一家人一样。也有些父母虽然彼此不再相爱了，但是一直能做到相敬如宾，从来不在孩子面前说对方的不是。有的孩子则没那么幸运了（这绝对不是孩子的错），他们的父母关系破裂后，双方就陷入不断的冲突、愤怒和互相伤害的状态，他们会一直吵架，批评对方，拒绝沟通。

如果父母对于孩子的抚养问题和哪个孩子该给哪方抚养的问题无法达成一致，那么只能由法院的家事法庭举行听证会决定。听证会上，首先，父亲和母亲会对未来可能发生的事情做个预估，然后法官会做出“裁决”，双方必须服从。法官也会让家庭里的每个孩子都说清楚自己的诉求。法庭的首要目标是确保孩子的利益，因此，法院的工作人员和受过专门训练的顾问，会跟孩子讲清楚对他（她）有利的有哪些；也会征求孩子的意见，问问他们希望如何处理问题。但是家事法庭的资金和人员都不太充足，所以有时候在判决下来之前，会有漫长而又难熬的等待期。

为什么会离婚

父母分开，一方搬走，关于这个问题，你心里会有很多疑问，而且多半希望他们能够向你解释清楚。你要知道，父母关系的破裂从来都不是孩子的错，那是两个大人之间的事情。 如果你对我的解释不甚满意，还是很想知道问题的答案，那不妨找个机会，心平气和地问问他们。

你最想问的可能是，为什么两个人不住在一起了？你的爸爸妈妈或许会对这个问题避而不谈，因为他们怕你难过伤心，可你还是想打破沙锅问到底。你可以请他们给你一个大概的解释，而不要刨根问底，最好忽略吵架和事件的具体细节。

你可以间接地、不露声色地让父母知道，你既不想支持哪一方，也不想听到他们说对方的不好。你不想当他们两人之间的“传话筒”，因为他们彼此需要“交谈”，哪怕是通过短信和电子邮件的方式。

对于父母给你做的生活安排，以及和双方在一起的时间安排，如果不满意的话，不妨直接说出来。你不必心急火燎地贸然做出决定，你可以按照事先制定好的计划相处一个月或更久的时间，然后再做调整。

通常夫妻分开或离婚过后，会有一方经济比较紧张，甚至双方都有困难。有的父母会通过给钱和买礼物的方式来抚慰你，表达他们的爱；但是你也应该明白，因为缺钱而买不起很多礼物的父母也同样爱你。

对自己要宽容些，父母离异带来的伤痛不是一朝一夕就能平复的。你的父母很受伤，你也很难过。失去了对人生的掌控力，你自然会觉得愤怒和悲痛。

父母分开或离异的好处：

- 你的父母不会再像以前一样，彼此“属于”对方，但你将永远是他们的孩子。
- 如果愿意的话，你有权利继续见到父母和两边的祖父母。

家庭虐待

配偶、孩子乃至所有的家庭成员，都可能是家庭暴力的对象。身体上的虐待经常被称为家庭暴力，因为它往往伴随着身体的威胁或伤害。情感虐待也会在家庭中发生。比如，一位母亲因为担心孩子受到伤害而恐惧万分，或者反过来，孩子因为担心母亲受伤或遭受辱骂而担惊受怕。

对于儿童和青少年的性虐待也见于家庭中。施虐者可能是父母，或某一方的伴侣、叔叔、祖父母、兄弟姐妹、亲戚，或者家庭的朋友（或者是老师、教练、宗教领袖、家里信任的大人……）。施虐者会：

- 对儿童或青少年的私处有不正当的行为，或者逼迫儿童或青少年对自己做不好的事情。
- 以带有性意味的方式看儿童或青少年的私处。
- 强迫儿童或青少年看不良图片（在电脑上、电视上或其他方式），引起不适。
- 行为或言语不当，造成儿童或青少年的恐惧心理。
- 强迫儿童或青少年用带有性意味的方式抚摸自己，或发生某种性行为。

施虐者会说“这很正常，没关系”“不要告诉任何人”，以及“这是我们的秘密”。而如果不照办就伤害他（或伤害其他人），施虐者会时常这样威胁孩子；为了不让孩子把事情说出去，也会羞辱他们。施虐者还会跟孩子说，即使他们说出去了也没人相信。事实上，总有人可以帮助你，阻止虐待继续发生。

如果你正在遭受性虐待，你必须明白，这不是什么不可告人的秘密。无论施虐者说什么：

- 这都不是你的问题——也永远不是你的错。
- 这种行为是违法的。

- 这么做绝对不正常，也不正确。
- 你没有任何过错——施虐者这么做辜负了你对他（她）的信任，错误在他（她）。
- 你可以寻求帮助和保护。

性虐待会让孩子感到特别困惑，尤其是当施虐者是你爱的人，或者是大人让你必须服从的人的时候。性虐待之所以发生，不是因为施虐者“无法控制自己的性冲动”，或者你的样子“促使”他们这么做。你或许会感到内疚或耻辱，但是对于施虐者这种大错特错的行为，你没有半点责任。施虐者很清楚自己的所作所为，这是他们自己做出的选择。你可以寻求他人的帮助和支持，没必要为此感到羞耻。

儿童和青少年的合法权利

任何儿童和青少年都享有人权。比如澳大利亚在基于对内容认可的前提下，早在1990年就签署了《联合国儿童权利公约》（CROC）*。该公约列出了18岁以下儿童的权利，并致力于保护儿童权利。在该公约框架下，你享有如下权利（未列全）：

* 免受经济剥削和性侵犯的权利
* 自由发表自己意见的权利
* 受教育的权利
* 享有医疗保健的权利
* 享有住宅保障的权利
* 享有经济机会的权利

发生家庭虐待该怎么办

经历过情感虐待、身体虐待或性虐待的孩子，会觉得茫然无助，也不知道谁值得信任。 你可以慢慢地一步一步来，开始的时候先不要让家里人发现。有的家庭不愿意声张出去。应该先把情况告诉给一个你信任的大人，比如某个亲戚、老师、校医、医生、你朋友的母亲，或者打求助电话。迈出这一步可能会让你感到很恐慌，可是想让噩梦停止——它必须停止，这一步是你的必经之路。如果有朋友跟你诉说他（她）经历过虐待或正在遭受虐待，那么你应该把情况告诉你信任的家长或老师，或者帮助受害者把真相说出来。家庭虐待不是孩子能解决的问题，应该交给合适的成年人来处理。

不要害怕自己没法搞定，总有办法能平平安安地生活，也总有愿意帮助你的人，伸出你的求助之手吧。

* 编者注: 1989 年 11 月 20 日，第 44 届联合国大会第 25 号决议一致通过了《儿童权利公约》，这是第一部有关保障儿童权利且具有法律约束力的国际性公约。1990 年 1 月 26 日，《儿童权利公约》向所有国家开放供签署，并于 1990 年 9 月 2 日在世界生效。1990 年 8 月 29 日，中国成为联合国《儿童权利公约》第 105 个签约国。1992 年 3 月 2 日，中国成为第 110 个批准国，该公约于 1992 年 4 月 2 日对中国生效。《儿童权利公约》是联合国历史上加入国家最多的国际公约。截至 2015 年 10 月，缔约国为 196 个。

PART 4

朋友

8 友谊的产生与破裂

有那么些日子，你的脑袋里塞得满满当当的都是你和朋友之间发生的那些事。

你需要一个好朋友么？你的朋友群体适合你么？如何结束一段友谊，认识新朋友？怎样结交网友，怎样对付爱欺负人的家伙，怎样避免霸凌别人？失去一个朋友并没有多大关系，即使是有意的放弃？（没错！）接着往下读吧……

好朋友能让你笑出眼泪……

好朋友

朋友可以让生活更加轻松自在，也更有乐趣。朋友能让你捧腹大笑，乐得快要尿裤子（你是不是确实要笑到尿裤子——我可没有）。朋友会整天腻在一起，开些只有彼此听得懂的玩笑，留下共同的记忆。朋友会一起写作业；一起画画；一起爬树；拿对方的东西用；一起瞎晃悠；互相帮助，渡过难关；朋友在一起无话不谈，并且废话永远唠叨不完。

朋友是你的避风港，只不过这个避风港不是个地方，而是一个人或一群人。在不同的地方，我们会有不同的朋友，比如度假时的朋友、邻居朋友、学校的朋友、新朋友或老朋友。

好朋友如何相处

好朋友是可靠又值得信赖的伙伴，大家在一起会讲讲笑话，谈谈各人的看法。不过，朋友之间也用不着所有的想法都一致，兴趣爱好都一样，或者都喜欢相同的颜色。

真正的朋友不希望伤害彼此的感情，即使有时候不太友好，也是出于无心。说话之前要先考虑一下：非得把这句话大声说出来嘛？如果说了，会不会伤害到别人的感情？要是有朋友向你征询意见，你应该以一种善意的方式把真实的想法表达出来。“看起来还行，我们一起去打乒乓球吧”，这个说法就比“是的，你的新发型真的很难看，看起来就像脑袋上长了一撮胡子”要好些。两种回答都交代了事实，但是管用的只有一个。真正的朋友，跟对方道歉时，是发自肺腑的真诚——而且，好朋友会原谅彼此的错误，消除误会。

“我想要一堆好朋友，而不是一个。”——麦迪

友谊是什么?

友谊持续的时间可长可短，当它结束时，最好的办法就是继续前行，忘掉过去。很多女孩都认为，如果只有一个好朋友，那么这样的友情会太炽热，以至于强烈得过了头。

真正的朋友:

- 即使观点不完全一致，也会发自内心地喜欢对方。
- 不会背着对方说三道四。
- 有共同喜欢的事情。
- 倾听，并努力去理解对方的情感。
- 维护彼此。
- 不会使坏心眼，也不会嘲笑对方。
- 无论谁在场，对待你始终如一。
- 不会想要控制你说什么，穿什么或喜欢什么，以及你的其他朋友是谁。

“身边的朋友得是真正的朋友：他们总是能看到你好的一面，以及重要的一面。”

——卡特

选择朋友

不要坐在那儿干等，等着别人来认识你。你应该主动出击！如果暂时没有碰到跟你合得来的人，那么一个人也挺好，先保持这种状态。不要因为有人向你示好，就随随便便地加入某个圈子，他（她）万一是个张扬跋扈、无聊乏味或者对你不太友好的家伙呢?

有时候遇到喜欢且欣赏的人，想交个朋友，他（她）却对你不感冒。这种滋味可不好受，不过你还是得试着忘掉它。

> “小孩子们有时会很冷酷，会让你忘掉自己本是美丽的。所以要和正能量的、温暖向上的人为伍。”
>
> ——玛雅

即使我不是
貌美如花~

不是每个人都会喜欢你，也不是每个人都想跟你做朋友。能有若干知己好友，足矣。

结交新朋友

如果比较害羞，那么对你来说，结识新朋友并非易事。天生个性腼腆是无法改变的，也不用急于去改变。（本书后面的自信这一章有更多关于害羞的内容。）学校是最能够交到朋友的地方，还有很多其他场合也能结识新朋友。

交到好朋友不是一蹴而就的事情，而应该细水长流。不要在第一次碰面的时候就告诉别人你内心深处最隐蔽的秘密，也不要打听对方比较私人的问题，这会把他们吓跑的。（“嗨，你愿意成为我的死党嘛，就是永远永远永远的朋友，可以内裤换着穿那种，对了，你刚刚说你名字是什么来着？咦，怎么人都跑光了？”）

寻觅新朋友的场所 你身边有没有那种你经常碰到，却彼此不太熟悉的人？学校的图书馆里有没有女生跟你喜欢看同一本书？家附近有你想认识的孩子么？以前一起玩的孩子，后来上了不同的学校，能不能重新建立联络？表兄弟（表姐妹）、朋友的

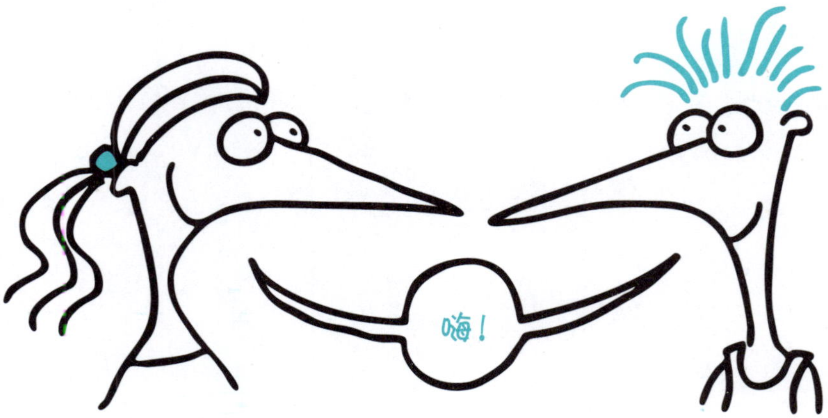

朋友，或者好久没见的父母朋友家的孩子怎么样？你可以参加家附近的，还有离家有些距离的运动队、乐队、丛林徒步俱乐部、电影制作培训班、学习杂技（艺术或武术）的团体，也可以在社区中心或当地的图书馆报个学习班，参加团体活动。

朋友圈子

你的一帮朋友们是不是还整出了个小团体的统一标准（比如每个人的发型都一样），甚至还有活动大本营（每天吃午饭的时候大家在同一个地方碰头）？如果朋友圈比较小的话，或许你会觉得挺自在的——但是同时也会让你变成井底之蛙。你应该和更多的人友好地交往，而不是加入一个小团体或者只有一个“最好的朋友”。除了“与人相处融洽”“做真实的自己”，友谊还包括很多要素。

FACT

单纯的朋友关系 无论是一个男孩、几个男孩，还是女孩子们，都可以成为你的朋友。有的人搞不清楚这点，会调侃地说：“啊哈，他是你男朋友嘛？”对这种人的这种行为，你应该视若无睹，充耳不闻。要是他们还是那么讨厌，请参看反击霸凌者部分的内容。

“不上学的课余时间可以上兴趣班什么的，这样不仅能在校外结交到朋友，还可以扩大自己的舒适区。”——菲比

如何修复友谊

首先要考虑清楚，你是真的想修复这段友谊，还是打算让它慢慢消退。多花点时间待在一起，邀请朋友去你家里玩，在学校相处得久一些，都可以帮助修复友谊，慢慢地，你会发现你们的关系又回温了。有时候，时间才是修复友谊的良药。这周你们可能打得火热，下个星期就落入低谷，甚至隔一天都会有起起伏伏。如果你觉得自己做得不好，心中有愧，或者想让对方跟你道歉，那就直接说出来。记住，友谊的修复需要双方的投入。对方得有同样的意愿才行。

> “你得和那些真正爱你的人待在一起，这样无论遇到什么情况，你也能保持乐观的心态。他们会一直告诉你，你可以的，并帮助你成为一个坚强的人。”
>
> ——切尔西

怎样结束糟糕的友谊

这不仅非常棘手，还会令你心烦意乱。不断地提醒自己，心里到底渴望怎样的友情，这是个渡过难关的好办法。比如，你希望新的朋友不会取笑你，也不会整天无所事事，卑鄙地欺负其他女生。痛苦和紧张都只是暂时的，当你找到新的朋友，新的归属，并且相处得很融洽的时候，情况会得到改善的。

如何过渡 你可以逐渐增加和其他人的相处时间，以及花在其他事情上的时间，让友谊慢慢冷却。午餐时间和游戏时间可以做些其他事情，哪怕是在学校图书馆或者是参与老师指导的社团活动的时候，你也可以想办法做些别的活动。必要的时候，你可以说是父母让你这么做的，慢慢地增加与其他团体或朋友的相处时间。

> “无论在哪儿，我都从来没有真正地融入哪个团体。我的朋友很多，他们属于不同的圈子。”——特鲁迪

同辈压力

“同龄人群体”指的是一群年龄相仿的人或者一群朋友。你的同班同学和朋友就是你的“同龄人”。“同辈压力”则是指由于同龄人的原因，你认为有必要改变自己的行为、发型、衣着、宗教信仰或自己的观点。

以下五条都属于同辈压力的范畴：

* **直接型** 有人对你发号施令，差遣你去做你明知道不对的事情。
* **暗示型** 你很清楚，如果你跟别人穿得不一样，“头头儿”会对你很不友好，而群体内的其他人也会效仿。
* **操控型** 广告以及其他种类的产品推广方式，会激发你的购物欲望，你也想跟着赶时髦。
* **内在因素型（自身内在的原因）** 如果没有足够的自信心，你可能会模仿别人，尽量合群。
* **潜意识型** 你突然发现圈子里的朋友，每个人都穿着相同品牌的短裤，甚至点的午餐都一样。

如果相处的感觉不太好，那不如退出喽。

如何才能不被控制 当有人强迫你说不想说的话，做不愿意做的事情时，一定要提前在心里准备好反驳的语句。另外，你也可以阅读本书后面的自信那一章，它会告诉你如何保持自我。

左右为难 任何朋友让你对另外一个朋友不理不睬，都是不对的；在发生矛盾的时候，让你孤立另一方，同样错误。你有保持中立的权利。如果有朋友让你不要跟另外一个朋友说话，你不妨拒绝。你可以这么说：“你们的事情你们自己解决”，或者“我知道你感觉很受伤/很气愤/很沮丧，这确实不好受，但是我不会不理她的。”你还可以说，“我认为她确实不该那么说，但是她已经道歉了，我希望大家仍然是好朋友。”

“我给自己下了死命令，到下一学年，我必须跟现在这帮朋友断绝关系，哪怕这么做我得孤单上一阵子。不过后来我交到了很多很棒的朋友，我感到开心极了。”

——凯瑟琳

反击霸凌者

9

友情的另一面可能是恶意欺凌。如果有人把你看作是攻击目标，这会让你感到迷惑、愤怒、沮丧，却又无能为力。读完这一章，你会明白受伤的感觉从何而来，以及如何争取捍卫自己的权力，保护好自己，找到新的朋友。

恶意欺凌

如果跟大人说起哪个孩子对你不太友好，他们的反应通常是这样的，“哦，别理他就行了”。下一次，你可以这样问问大人:“好，快告诉我，当年你们学校那个跟你一个年级的坏孩子叫什么名字？”我敢打赌，他们一定会把这个孩子的全名还有其他情况全部记得清清楚楚，即使他们已经离开学校 15 年之久了。 有时候你得反复告诉大人，被人欺负让你觉得很痛苦很沮丧，他们才会意识到事情的重要性。大人应该严肃对待这个问题。

甚至那些声称是你朋友的人，也会表现得不友好。当着别人的面说刻薄的话是非常恶劣的行为。在背后说别人坏话同样糟糕。议论起别人来尖酸刻薄，散布谣言，四处八卦，无论是通过网络、手机，还是口头的方式，都是很不友好的行为。我们每个人都经历过这些。有时候我们还会因为自己不友好的行为而感到内疚。但是，只要能及时停止就没关系。如果不友好的行为一直持续下去，那就会发展为霸凌。

有些成年人认为，被人欺负是“真实世界”的一部分，每个人在人生的某个阶段都会遇到霸凌，必须学会忍受，大家不都这么挺过来的么。但是，每个个体都有权利过正常的生活，不被别人歧视和骚扰。霸凌不是什么理所应当的事情，也没有谁想被别人欺负。

霸凌和不友好行为的区别在哪里？首先，霸凌不是一次性的事件。霸凌具有伤害性，霸凌者是蓄意地伤害他人的感情，并且会反复持续地发生。霸凌是由一个人或一群人所发起的，经常性的、重复性的行为。通过手机或社交网络发生的霸凌行为被称为“网络霸凌”——这种霸凌不是面对面的，而是借助于电子产品完成的。霸凌能让人陷入悲伤、愤怒，甚至感到绝望。

“有的男孩 / 女孩什么也不懂，他们对我坐轮椅这事品头论足……还说我是个诈骗犯。”

——凯特

有很多方法可以帮助你停止别人的霸凌行为。如果你感到绝望无助，那么请往后翻，直接翻到如何应对霸凌的那一页，查看更多策略。

有的人从始至终都十分讨厌，所以了解一些阻止无理行为的方法是有必要的。

（我有查过，从树后面突然跳到他人面前吓唬人，还有勒住对方脖子，这些都是违规的。）

> “我把我的朋友圈彻底洗牌了，这是从小到大我经历的最困难也是最好的事情。”
>
> ——温

究竟什么是霸凌？

下面所列的行为都是不友好的行为。如果以下行为重复不断地持续发生，就是霸凌。

- 尖酸刻薄地并具有侮辱性地议论别人。
- 捉弄别人。
- “开玩笑”和恶作剧，比如故意让你走错教室，或者在网上冒充其他人欺骗你。
- 说话时非常没礼貌（翻白眼，叹气，挖苦，跟别人小声咕哝，模仿，嘲笑，或者讥讽地冲着你笑）。
- 散播谣言，四处八卦。
- 对你不理不睬，或者让别人不理你（我称之为“排挤”）。
- 恐吓——跟踪或者逼近你，盯着你看。
- 用身体暴力威胁，让你撒谎或保守秘密。
- 对你的评论或散播的谣言带有性意味，说侮辱性的话，或者让你看色情图片，向你发送色情图片。
- 故意破坏你的衣物或其他物品。
- 采取身体暴力手段。

如何“对付”排挤你的人

与众不同

“与众不同”会让你觉得自己好像是众矢之的。好多孩子都听过这句话，“你怎么总是那么奇葩？”（“你这么想是因为你很无趣”，这句话是最好的答复，就算嘴上不说出来，在心里嘀咕嘀咕这句话总是可以的。）那些不怀好意的人，要么是嫉妒别人，要么是种族主义者，要么愚昧无知，任何“与众不同”的东西都能让他们气急败坏。最后反而是别人看他们的笑话，因为每个人都是与众不同的——这正是人生的乐趣之一。

“我担心如果做真实的自己，朋友们会不喜欢我。”

——斯米塔

“事情没发生到自己头上，是永远也不会知道有多痛的。”

——露露

每位出名的演员、艺术家、明星还有其他一些有吸引力的人几乎都被人说过“你很奇葩”。每个人的身份标识都很重要。而它很可能就是名人之所以出名的原因，也是你最有趣最独特之处。

人和人之间的差异包括肤色和发色、民族传统、语言、是否有某种缺陷、性取向、兴趣爱好、拥有的技能、宗教，甚至是音乐品味或穿着品味。更多地接受自己的不同，才能更成功，人生才能更幸福。

或许你会觉得你的家庭、学校、朋友圈子或所生活的地方的人并不接受你。这不能说明你有问题——只能说明你很特别。此时此刻，总有跟你一样的人，或者能理解你的人，跟你处境相同的人，他们也生活在某个家庭、某个学校或某个城镇而不被人接受。总有一天，你会遇到他们所有人，并且欣喜若狂。好吧，遇到一些也行。幸福和喜悦也一定会有的。

排挤

几乎每个人这辈子都有过至少一次被朋友们排

“与人为善是更难一些，但是也更值得。”——玛丽挤的经历。一下子，圈子里的每个朋友都开始故意对你不理不睬，并且对此毫不避讳。这种感觉真是糟透了。

当然咯，发生这样的事情有时候只是碰巧而已：比如，朋友们忘了给你留座位。

可有时却是蓄意的行为。你懂的：你一到，大家就故意转过身去，背对着你或者干脆走开，你说什么大家都当没听见，不友好地看着你或者冷冰冰地盯着你，窃窃私语还故意让你听见。他们表现得极不成熟，可带来的伤害却是非常严重，让你忍不住想失声痛哭。

通常也没有人会告诉你，他们孤立你的原因。被孤立的时间有长有短，一顿午饭、一天、一个星期都有可能，极少数情况下会更久些。所有孤立者都会很小心，不让父母或老师发现他们的行为。他们实际上就是在欺负你。我个人认为，女孩子排挤别人有时候是为了享受权力带来的优越感，有些则是从家里有样学样，“学来了”这一套，同样不好。

霸凌的原因

一听到老师或父母说“我们得告诉那些欺负人的孩子，他们这么做会伤害到别人情感”之类的话，我就火冒三丈。真正的问题在于，大多数霸凌者清楚地知道他们在伤害别人——他们根本无所谓，伤害别人正是他们想要的结果。

霸凌者可能不合群，也可能有自己的圈子。他们或许跟你年纪相仿，也或许大一点，甚至可能比你还小。朋友、家庭成员、邻居家的小孩、老师，还有顶头上司，都可能会欺负人。

从某种意义上来说，你不应该花太多时间去琢磨为什么你是被欺负的那个孩子，认识到这点非常重要。问题绝对不是出在你身

“我有个朋友真的很坏。为了能让她对我的看法有所改观，我什么都肯做。所以我也变成了一个坏家伙。我感觉糟透了。”

——露西

上，因为就算你说错了什么或做错了什么，霸凌也不是正确的处理方式。欺负别人的孩子必须为自己的行为承担后果，这才是最重要的，也只有这样，霸凌才会停止。

到底该不该简单快速地了解一下引起霸凌的原因有哪些呢？好吧，如果你坚持想知道答案，原因如下：

- 朋友圈的“头头儿”命令所有人都跟你对着干（很可能因为你比“女皇陛下”更有趣，这让她大为光火，或者因为你公开反对她），以此来证明自己的权威实力。（女皇陛下也可能是个男孩，那么你可以称他为“傻帽国王”，这样你心里就舒服多了。）
- 群体中的其他孩子很容易被人“牵着鼻子走”，或者害怕这个“头头儿”。
- 有些关于你的流言——可能是真的，也可能是造谣。
- 有些霸凌者自己本来就不幸福，或者天生如此卑劣。
- 霸凌者自视高人一等：谁都没他（她）好。
- 霸凌者感到自卑：谁都比他（她）好。
- 没有成年人插手制止霸凌行为。
- 霸凌者很无聊，总想着整点花样来高兴高兴。
- 霸凌者是个无趣又缺乏想象力的家伙，聪明有趣的孩子会让他（她）感到威胁。
- 有些霸凌者误以为网络霸凌就不用承担后果了。

“我试着做个善良友好的人，然后我发现处处与人为善可以让内心更快乐。”

——阿迈勒

如果你被欺负了，不要在“我做错什么了”这种问题上浪费时间。欲加之罪，何患无辞？你应该换个角度想想看，“怎样才能交到善良友好的朋友？”

欺负别人的家伙常常给自己找些拙劣的借口：

- “我只是说实话啦。”

“我知道那不是真的，但我还是把谣言散播出去了。”——埃米

- “我不是故意的。”
- “我开玩笑的啦——我以为大家听得懂呢。”
- “大家不都这样嘛。”
- “他们对我很糟糕，所以我要报复回去。”
- “女孩子们都这么做。”

所有借口中最大最糟糕的，也是最卑劣的谎言，就是最后一条。很多女孩子和成年女性，无论是朋友关系还是同事关系都会互相支持。女孩和女人们都是一直抱着敌意对待彼此，这种评价既不公平，也不符合事实。

不友好的真正原因

霸凌者和那些欺负人的孩子会给自己找各种各样的借口和托辞。这些借口和托辞没有任何意义，但有时能帮助我们找到让霸凌停止的办法。有些孩子对别人的感情漠不关心，或者试图通过控制和指使其他孩子来获取权威力量感。有的孩子比较怯懦，所以无论霸凌者说什么，都会照做不误。有些孩子在家“学会了”不友好的行为，并错误地照搬到生活中，认为在哪里都是这样。有些霸凌者以为通过网络发生的欺凌，只要大人不知道，他们就可以侥幸逃过惩罚。

如果你是欺负人的那个孩子

从我所做问卷的结果来看，13 到 18 岁的女孩，大约 70% 都有过欺负别人的行为，尽管很多人说她们后悔这么做。或许，每个人这辈子都欺负过别人至少一次：重要的是，不要把它发展成一种习惯。即使以前经常这么做，现在你也可以及时停止。

“我在背后说别人的坏话，当面戏弄别人，直到有一天这种事发生在我身上的时候，我才意识到我伤害了别人。现在无论说什么话，我都会更加注意。”——费利希蒂

为什么要悬崖勒马 每当你想说尖刻的话，或者做不友好的事情之前，先考虑片刻，然后约束住自己。己所不欲，勿施于人。下面这些理由，你可以用来说服自己：

- 这么做才是正确的。
- 你会更喜欢这样的自己，别人也会更喜欢你。
- 你将不会为此感到愧疚。
- 任何短信、信息、网帖或邮件，只要是你发的，都可以成为霸凌的证据——即使换了个网名也能够查出来。
- 网络运营商和社交媒体公司会切断霸凌者的网络连接，封掉其账户。事态比较严重时，司法机关会介入，霸凌者将面临刑事指控。

毒舌八卦中

看到别人遭到霸凌时，你也要大声地说出来

就算你不喜欢某人，也不能说他（她）被别人欺负是活该。如果在你的朋友圈有人言语很刻薄，你可以大声地说出你的不满。比如，“你这么尖刻，我真的不喜欢”，或者“我可不想加入你们，再见吧”。你可以一个人离开，也可以跟被欺负的孩子一起离开。没必要跟那些欺负人的朋友维持长久的友谊——在关键时刻做对的事，这点很重要。

收到不友好的短信，看到充满敌意的邮件时，就当作没看见，把它们删掉就好。

“在学校我有个朋友圈子，本来我以为一切都挺好的，结果有一天他们全都不跟我说话了，现在他们又理我了，我问他们为什么，但没有人愿意给我任何解释。”——鲁比

如何应对不友好和霸凌

对不友好的行为置之不理，谈何容易。即使你不予理会，它也不会立刻停止，而受伤的感觉则如影随形般跟着你。走开也好，不动声色也好，你的内心仍然会愤懑难当，接近崩溃的边缘。这都是合情合理的正常反应。

反霸凌策略是有效果，但也有不管用的时候。有些策略只是在某些场合、某些霸凌者那里才有效。(其实我是想说，如果你们是一个班的，整天一起上课，怎样才能“躲开他们”呢？)

"有种说法叫‘赤诚相待’，但是我觉得有些时候，有些话还是有所保留比较好。"

——皮普

下面的方法你不妨试试：

- 视而不见，充耳不闻。不回应，不理睬，把他们当作空气，然后闪人。随意一点，想笑就笑，想翻白眼就翻白眼。
- 要自信，有底气：自己给自己加油打气。
- 想象他们头上顶着一团狗屎或者黏糊糊的海鸥屎站在那儿，而他们自己却茫然不知。
- 使用障眼法迷惑他们。大声地唱歌，背诵诗歌或喜剧，高声喊道：“是的，龙虾部队在前进，向着障碍物，出发！”他们会说，“你疯了吧”，然后你可以这么回答，“哦吼，羊毛帽子两手叉着腰！”这样一来，霸凌者会被你搞得稀里糊涂，摸不着头脑。
- 保持积极的心态：把心思专注到那些爱你的人身上，经常想想你们一起度过的美好时光，留心自己的优点。
- 警告霸凌者，如果再敢继续就告诉大人。或者直接告诉大人。
- 学习一种自卫防身术，以备不时之需。这样，在遇到诉诸身体暴力的霸凌者的时候，你对自己的自卫能力会更有信心。

- 众人拾柴火焰高：几个人一起对付一个霸凌者更管用。
- 直接对话，让他停止。你可以在父母或老师的陪伴下这么做。如果在社交媒体上看到粗鲁无礼的帖子，也可以请父母或老师帮你发条信息给霸凌者。你可以在社交媒体上屏蔽他们（具体内容见手机及网络章节）。
- 如果有人将你的照片发给别人，或者上传到网络上，令你难堪，最好请求他人的帮助，将照片撤回。有必要的话，让父母要求校方介入，以确保类似事件不会再次发生。一张照片、一个事件并不能定义一个人，也不会“毁掉你的生活”。从朋友、父母、信任的老师或学校辅导员那里寻求帮助和支持。你一定会平稳渡过难关，并且会因此变得更强大，交到更好的朋友。

寻求支持

请求别人的帮助并不是软弱的标志，恰恰相反，这需要很大的勇气。如果第一个求助对象没有伸出援手，不要气馁，继续寻求帮助，直到找到那个能理解你，并愿意采取行动的人。你的求助对象包括：学校负责监管网络霸凌和骚扰的工作人员；父母、朋友的父母、老师、校医、学校辅导员还有朋友。你得像大侦探福尔摩斯那样，保留好所有证据。事情发生的当天，你就应该将情况如实告诉别人。手写的小纸条或信息，都应该保存好，可以通过截屏的方式将邮件或者那些出口伤人的信息存储起来。不要一遍一遍地反复读这些伤人的话，把它们直接交给大人，或者让大人看看，让他们也留个备份。任何包含淫秽或恐怖内容的信息、网站或电子邮件，都要请一位你信得过的大人过目。

家庭的帮助 只是向别人倾诉一下让你心烦意乱的事情，有时感觉都会好很多，虽然本质上并没有“解决”问题。兄弟姐妹、表兄弟姐妹、阿姨叔叔或父母可以陪伴着你，共同面对问题，讨论解决方案。

如果不友好的行为或霸凌一直持续的话，你应该向父母或你的监护人寻求帮助，告诉他们。学校有专门的工作人员为家长提供建议。家长还可以向网络运营商请求援助，他们在调查清楚情况之后，会封掉霸凌者的账户（本书后面附有针对家长的使用信息）。

你可以让父母或监护人阅读下面的内容：

大人们，注意了！
谨防霸凌！

如果孩子跟你诉说有人对他（她）很不友好，或者有人欺负他（她），请你们一定要认真对待。这是关乎孩子心理健康的大事。你的孩子需要你的支持。你应该和学校分管这方面的工作人员谈一谈，了解如何处理这种问题。

学校的帮助 应该将霸凌的情况反映给学校负责监管霸凌和社交媒体的工作人员（可以向老师咨询一下是谁负责，或者向老师请求帮助）。如果他们未采取任何有效措施，那么请父母或监护人到校长办公室，拿一份学校关于霸凌问题的政策性文件。每个学校都应该有自己相应的方针和政策。如果学校推卸责任，家长可以直接向校长的上级部门，州教育部或地区教育部投诉。

“虽然有谚语这么说，‘棍棒石头能打碎我的骨头但流言蜚语却伤害不了我’，但事实上，言语和行为一样，都能给人带来伤害。”

——杰茜卡

漂亮的言语反击

你可以提前构思一些反驳的话，反复练习，直到能流利地脱口而出。要是说的时候想再加上表情，比如扬起一边的眉毛，面不改色地盯着对方，或翻白眼，可以先提前练好。下面给大家提供一些反驳的模板：

他们说："你不知道我们是在开玩笑么？"

你的反驳："你们最好别欺负人。"

"这只是玩笑啦。"

"不，我一点都不觉得有趣。"

"你得强硬点。"

"我不会因为你们欺负我就改变自己。"

"你太敏感了。"

"我可没有过度敏感，我压根没把你们放在心上。"

"朋友之间要说真话，我是你的朋友哦。"

"听起来就是假话，一点都不够朋友。"

"我只是把真相告诉你。"

"不，你不过是想欺负我。"

"好吧，那是真的。"

"口说无凭，你说是真的可不一定是真的。"

"我只是想说……"

"说之前请三思哦。"

放松片刻

有人欺负你时，直接对抗是一种办法，另外，你也可以试着躲开霸凌者，实在有必要的话，不如换个环境，重新开始新的生活。哪怕片刻的安宁和安全的场所都能缓解紧绷的神经，非常有效。

- 脑袋里不要老想着那些经常或总是很刻薄的家伙。
- 在学校时，尽量待在比较安全的场所，比如有老师巡视的区域或图书馆。
- 和哥哥姐姐或其他朋友们一起回家，或者请一位家长来接你，陪你走一段路。
- “朋友们”行为不友好，只能说明他们算不上你的朋友。可别不把这当回事，一笑了之，然后没事人一样继续做朋友，也不要认为受到伤害是人之常情。
- 遇到特别恶劣的情况时，什么办法都试了仍然无济于事；那么如果条件允许的话，你可以转学，重新开始新的生活。这个办法对有些孩子特别管用。

“那些脑袋短路的同龄人说的话，你不要放在心上：学校里‘受欢迎’的人多半脑袋都不太好使。”

——乔

遭遇霸凌时，情绪的自我调整

霸凌可以导致紧张、恐惧、低自尊、孤独感、抑郁，也会引起疾病，带来人身伤害。通过有目的的练习，有些负面情绪可以好转。下文列出了一些遭遇霸凌时孩子们的普遍想法，你应该抛弃这些想法，黑体字的部分才是你应该尝试的思维方式。

脑袋里的第一反应："一定是我哪里不好。"

正面有益的思维："不，这不是我的问题。"

"他（她）会无休无止地欺负我。"

正面有益的思维："我可以做点什么，让他（她）不再欺负我——说做就做。"

"我只能一个人面对。"

正面有益的思维："我得找个能帮我的大人，跟他谈谈。"

"什么都没用的。"

正面有益的思维："有很多人可以帮助我，反击霸凌的策略也有很多。"

"没人喜欢我。"

正面有益的思维："我得去找些自己人。他们（霸凌者）不是我的好朋友。"

"每天上学（或者去有霸凌者的地方）让我害怕极了，可是又逃不掉。"

正面有益的思维："我可以摆脱这一切，我需要别人的帮助，让霸凌不再发生，

或者我可以转学。”

“我觉得自己很多余，心情很糟糕。”

正面有益的思维：“我得找些朋友，请他们帮忙。我的心情会变得越来越好，也一定能找回快乐。”

“我得装得跟没事人一样，还要不停地开玩笑，逗大家开心。”

正面有益的思维：“我不想装作一切都很好。只有一方觉得好笑的玩笑算不得玩笑。”

“我应该也找个人欺负一下，如果大家最后都欺负他（她），就会放过我了。”

正面有益的思维：“绝不能因为他们欺负我，我就也跟着变得卑劣。”

“他们让我对自己、自己的家庭和文化感到羞耻。”

正面有益的思维：“我为自己、自己的家庭和文化感到骄傲自豪。真正有问题的是霸凌别人的人。”

“我在哪儿都格格不入。”

正面有益的思维：“我不想融入这样的圈子。我一定会找到既能包容我的不同，又能相处得融洽的朋友圈。我并不孤单。”

10 手机、App及网络的使用

在澳大利亚，多数 8 到 12 岁的女孩都没有自己的手机，并且这个年龄段的孩子使用“社交媒体”是违法的。但也有些女孩子，一天到晚百无聊赖，眼睛时时刻刻盯着手机。为什么会这样？你想拥有自己的手机，遨游网络世界吗？在此之前，你需要了解下面的知识。

女孩与社交媒体

在澳大利亚，13 岁以下的儿童注册社交媒体账号是违法行为。或许你朋友家里对此有不同的规定，但也不能违反法律。未达到法定年龄就注册账户，一旦有人举报，那么社交媒体公司会注销你的账户。

多数澳大利亚女孩，直到 12 岁，甚至年龄更大些，才拥有“自己的”手机。在特殊情况下，有些女孩会借家人的手机用。不过很多 8 到 12 岁的女孩每周都会上网（下载音乐或听音乐，看视频，用手柄打网络游戏，使用社交媒体 app，或者搜索信息，完成学校布置的作业）。

> “直到 14 岁我才有自己的手机，因为我感觉自己并不需要，之前用妈妈的就可以。”
>
> ——汉娜

社交媒体和网络游戏，既有它的优点和有趣之处，也有缺点。有的孩子会通过社交媒体和手机说些恶言恶语，欺负其他孩子。还有一些令人毛骨悚然的成年人，在网络上冒充孩子；或者先搞清楚你的家庭住址，然后实施抢劫或干些恐怖的勾当。

有些应用 app 是骗钱的，设计的初衷就是为了从你父母的卡里偷偷地扣钱。有很多 app 和网站并不适合孩子，其内容会引起儿童的不适。你得多个心眼，千万不要成为霸凌者、诈骗犯或变态的猎物。需要时，可以向老师、父母或你认识的、信赖的大人求助。

现在，轮到你来告诉父母们下面这些规定啦！你可以让他们阅读下面的清单，这些关于社交媒体的知识，是专家们建议父母必须了解的：

关于手机、app和网络的使用，父母必须知道的15个小知识

1 尽管有些家长允许，但是在澳大利亚，13岁以下的孩子拥有自己的社交媒体账号是违法行为，而且这也很不安全。

2 孩子可以通过音乐播放器、手机、平板、电脑、游戏机、家用电视，以及其他设备上网，还有电话手表和钟控收音机等。

3 家长必须紧跟社交媒体app和社交平台的发展潮流。孩子接触社交媒体的时间越短，潜在问题出现的节点就会越晚，需要家长介入监督的时间也会随之推后。

4 各种app和社交媒体对所有人群都是开放的，因此存在不安全因素。大部分app都不适合孩子。app和游戏不仅能收集个人信息，从孩子那儿挣到钱，还可以识别孩子的位置。网络上的陌生人会想出各种招数骗到孩子的照片，想办法让孩子们在线下跟他们见面。

5 无论任何内容，一旦发布到网上，哪怕是家庭合影，也会变成“公开的”。它会不会被人盗用，谁会看到这些内容，是你无法控制的。确保孩子知道这一点。

6 13岁以下的孩子应该借用父母的电子邮箱。如果孩子有自己的邮箱，那么电邮地址不能包括全名、出生年份或暴露儿童身份的任何信息。家长应该留心孩子的全部账户，有没有包含这些信息。为了避免病毒或恶意程序的入侵，家长应该教会孩子，收到陌生人发来的邮件时，不能打开，也不要点击链接，而应该直接将邮件删除。

7 有些不到13岁的女孩子会用父母的手机登录社交媒体app。注意不可以用孩子的脸作为头像图标。家长应该跟踪并经常检查孩子使用的所有设备、app以及社交媒体的隐私设置、位置设置和安全设置。不允许孩子和家长不认识的人有接触。

8 家长需要记录下孩子所有电邮、社交媒体的账户名、PIN码和密码。另外，孩子应该在家里的公共区域，父母看得见的地方使用电脑。

9 父亲（母亲）或监护人必须是唯一一个能用手机充值消费或者知道PIN码的人，他（她）还应该掌握交易记录的相关情况。

10 所有孩子都会在网上遇到麻烦。家长应该尽量以平和的、合作的态度来解决问题，鼓励孩子说出一切真相。

11 如果一天对着屏幕超过一小时，并且缺乏户外运动，会对眼睛造成伤害，而且远距视力也无法得到正常发展。电子产品用多了，还会影响社交技能，同时也减少了锻炼、进行艺术活动、玩耍、做白日梦、发展创造力以及读书的时间。

12 在就寝前一小时，就应该停止所有带电子屏设备的使用。所有能连上网的、带电子屏的产品、音乐播放器或电视不能放在孩子的卧室。建议最好将手机等其他电子产品放在父母的房间，这样孩子整晚都没机会拿到。

13 关闭网络摄像头，用胶带或橡皮泥封住，以防有陌生人窥探家里的情况。如果孩子要和认识的朋友聊天，应该在大人的监督下，使用主流的聊天软件。

14 家长在孩子遭遇网络霸凌或手机霸凌时，应该积极面对问题，而不能置之不理。必要的话，向孩子学校相关的负责老师寻求建议和帮助。

15 下面的清单中，是孩子需要了解的内容。

关于手机、app 和网络的使用，孩子必须知道的 10 个小知识

1 你在网络上发布的任何内容，不管是用 app 还是用手机发布上传的，世界上任何一个人都可能看到。因此，那些你不愿意让老师、父母、祖父母或其他人看到的内容，就不要往网上发了。

2 不能发布任何涉及隐私的信息，比如你就读的学校、家庭住址、电话号码、出生年月，或是家人的信息。陌生人可以利用这些信息，入室行窃或者伤害你。

3 请父母帮助你将所有手机上的隐私设置和位置设置调好。发帖留言时，千万不能留下位置信息，也不要让朋友发布包含你的照片。设置成“不允许”，才能保证你的安全。

4 记住自己的电话号码，还有父母或监护人的电话号码，哪怕是手机里存了。

5 除非得到了父母的帮助，否则不能单独使用任何视频 app、社交媒体 app、在

网络上的变态

你或许以为同你聊天的网友跟你年纪相仿，但实际上他可能是个居心不良的成年人假装的。这些网上的变态会把青少年喜欢的乐队、书籍、电视、电影、游戏和交互式网站研究得一清二楚，好伪装得更像。他们用的照片都是假的。他们的目的是为了在线下跟你见面，搞清楚你的家庭住址，窥探你或者一直跟你聊天。很不幸的是，他们还可能会伤害你。

他们通常都很狡猾，并且很有耐心，能花上几周甚至几个月的时间，挑拨你和朋

线聊天或视频分享软件。

6 只允许现实生活中你认识的朋友有权限浏览你发布的内容。有多少人"关注"你并不重要，重要的是他们是谁。

7 不能通过网络或手机和任何父母不认识的人交往。

8 哪怕是开玩笑，也不能将自己裸体的或只穿内衣的照片发送给别人。这是违法的。最后谁会看到这些照片，这是你无法控制的。

9 如果社交媒体的互动或者你在网上或手机上看到的内容让你很不舒服，应该将情况报告父母或老师。

10 在没有父母陪同的前提下，绝对绝对绝对不能擅自去见网友。有些女孩这么做了，结果被假装成青少年的成年男子绑架或伤害，虽然这种情况很罕见，但也要小心。

友及家庭成员的关系；他们声称自己是这世界上唯一能够理解你的人；编造些自己患病或是被人欺负的故事，让你产生恻隐之心；答应给你钱，带你去度假玩个痛快，或者承诺给你买精美的礼物；在他们的游说下，你会以为他们是大明星，把他们当朋友，或者以为他们是爱你的；他们还会通过威胁的方式进行敲诈勒索，不给钱的话就把不好的事情告诉你父母，或是威胁伤害你或你的家人朋友。

帮助你提防变态的几个警报信号:

- 你的父母不认识这个人。
- 这个人想和你在线下见面。
- 他们想让你发送自己的照片，或者让你打开网络摄像头。
- 他们想给你礼物、钱或信用卡。
- 他们企图将你和他的“友谊”保密，不让别人知道。
- 他们跟你谈论的内容或提出的问题，让你觉得不对劲。
- 有时候他们挺和善，但有时候让你感觉很险恶。

一旦感觉到形势不对，不要犹豫，立刻把情况反映给你信赖的大人。

FACT

诈骗 表面看起来没什么问题，但如果碰上有邮件或电话告知你中奖赢钱了，获得了游戏积分或游戏时间点卡，千万不要将你的全名、出生日期、家庭住址、学校地址、父母的信用卡卡号或银行信息等在网上或社交平台上泄露。这都是骗子们诈骗的惯用伎俩。

FACT

个人照片被上传 如果不太雅观的照片被人上传到网上或者发送给别人，不要因此感到绝望。请朋友帮忙删掉，或者请信任的大人帮助你，想办法阻止类似事件的再次发生，并从中吸取教训。仅凭一张照片，是无法定义一个人的。

“我的手机原来一直在告诉每个人我的具体定位！幸亏阿姨帮我重新设置了一下。”——阿莉娅

培养独立性

网络世界和游戏世界好玩的东西太多了。但还是等到了13岁再玩吧，好玩的东西不仅不会变少，相反还会变得更有趣。网络和游戏世界表面上看很安全，实则不然。所以，也要从别的活动中找到乐趣，还要和父母建立合作伙伴关系，一起面对上网的责任问题。如此一来，到了你能享有更多上网的独立自主权时，父母知道你很清楚使用网络的风险和规则，也就不会太担心了。

"有个跟我同年级的女生，有些让她觉得难为情的照片最近被人放到了网上，不过没有人用异样的眼光看她。不要把时间浪费在吃后悔药上，发生过的就让它过去，每个人都会犯错，不能因为错误而止步不前。"

——埃勒

PART 5

良好的自我感受

11

自信

自信的人相信，“我挺好的，别人是否觉得我好，这并不重要”。是不是时髦，有没有钱，性感不性感，这些跟真正的酷没有一点关系：一个人酷是因为他（她）脑袋瓜里有想法。没有人能够一直保持十足的自信。但它却是值得我们为之付出努力的方向。越是豁达，对什么都能付之一笑；越是不在乎别人对你的看法，不在乎你在别人眼中的样子，你才能更多地感到自由和快乐。

感觉不自信

青春期前的这段时间，要想自信可不是件容易事儿，这是因为:

- 身体的变化会让你对自己过度关注。
- 你可能想随大流，不愿意太显眼。
- 想把别人对你的评价不放在心上，这太难了，哪怕是你不喜欢的人。
- 你的家庭可能不太明白表扬和肯定的正面意义，也不会为你和你取得的成绩感到喜悦。
- 你天生就比较害羞，或是很容易就会感到局促不安（关于这点，本书后面还有更多专门的内容）。

> “尽量避免消极的思维模式。记住，生活是靠我们自己去创造的，而且地球也不是围绕着你而转动。没人会一直在意你的一举一动。”
>
> ——弗雷亚

你是愿意更低调些，还是随大流，或是做引人注目的那一个？

影响自信的因素

害羞腼腆

害羞腼腆的人有很多，包括一些名人。这很正常。我不太喜欢听到有人说“别害羞啦”，这跟说“别长棕色头发啦”是一回事。害羞或许是你天性的一部分。只有当你不仅觉得害羞，还会觉得紧张焦虑时，这才成个问题：聪明人的办法就是保持沉默，直到和陌生人略微熟悉一点，不那么紧张了，再开口说话。如果因为害羞而觉得痛苦不堪，最好向父母或学校辅导员请求帮助。

感到不好意思

等再长大些，或许你即使头顶着发罩，披着大衣，穿着分趾的袜子，还一边唱着国歌去购物，也不会感到丝毫难为情，而且还开心极了。（可能这说的就是我自己吧。）前青春期的孩子会有更强的自我意识，感到尴尬的频率也更高些——还好这种尖刺般的感觉通常会转瞬即逝，别人一般不会发现。

脸红

感到难为情会有个明显的标志，那就是脸红。脸红是因为紧张导致血液流动的速度加快，这样脸会更红些。或许除了你自己，并没有人察觉到你脸变红了，这时只要深呼吸，脸红会自然消失的。

“不用听别人说什么，也不要相信杂志里的照片。珍惜自己。你的价值在于你对世界做出的贡献，而不是在于你长得有多漂亮。任何人都没有权利评判你，你努力地让世界变得更好，这就足够了，而且这也很重要。如果他们不这么想，那么就证明他们是错的。”——尼古拉

如何变得更自信

下面的步骤会让你看到自己的优点、天赋和能力，帮助你建立良好的自我感受。

> “小时候我会因为跟别人不一样而觉得惴惴不安。长大之后我明白了，一个人的与众不同之处也正是他的特别之处。”
>
> ——凯莉·邝
>
> 主厨，作家

对身体的基本自信

- 站起来或坐着的时候抬头挺胸（说正经的，它的确能让你看起来更自信）。
- 穿着舒服的衣服。
- 给自己些时间适应身体的新变化。你会调整过来的，并且觉得自在舒适。

鼓励自己

- 把自己的优点列成一张表（自己看就好，不用给别人看）。
- 给朋友打气的时候你会说些什么？跟自己说同样的话。
- 安静地呆一会儿。自己坐着或散散步，什么都不要想。对于你们这个年龄的孩子来说，做白日梦和玩耍是很重要的。要是有人让你不要望着窗外发呆，告诉他们，只有发呆你的大脑才会发育！

每个人都有自己擅长的事……

- 你不用什么都知道。“我不知道”这个答案能够完美地回答很多问题。

“每一个人都是独特的。学会欣赏自己的特别之处。”——伊尔迪斯

- 如果有人不喜欢你，这没什么大不了的。不是每个人都会喜欢你。有若干好友足矣。

从实践中获得自信

- 尝试新的东西。只要是有趣的，就不妨试一下，比如新的运动项目、艺术或其他业余爱好，开始时学的不太好也没关系。
- 不要担心犯错。我们从错误中学习。错误是为了成为将来更自信的自己所必须付出的代价。
- 对“不够聪明”或者“不好相处”这种别人给你贴的标签或别人对你的印象，要不屑一顾。用行动证明不管过去发生过什么，现在的你才是你。

坚定

“坚定”意味着你可以坚持自己的信念，坚持做自己。“坚定”意味着你会赞成，也能表示反对。“坚定”意味着你有能力做出正确的决定，并付诸行动，即使这个正确的决定要付出更多的努力，并且不被大家赞同。（哗众取宠，张扬跋扈，或者把自己的意愿和观点强加到别人头上，这并不是正确的行为。）可以向信赖的大人倾诉你的烦恼，寻求帮助。

“如果有人夸赞你，你应该表示感谢并欣然接受，因为这会让你感觉更好。心情不好的时候，可以多想想自己的这些优点。”

—— 杰西

如何说不：

- “不。”
- “不行。”
- “不用了，谢谢。这跟我好像没什么关系。”
- “我现在比较忙。”
- “大人不允许。”
- 我得问问我妈妈/爸爸/监护人（然后假装他们说不行）。
- “抱歉，我不能那么做。”
- “等下次吧。”
- “我现在手头儿事太多了。”
- “我晚些/明天/下周再答复你。”（这能给你些考虑的时间。）

知道自己的权利

自信意味着你知道自己的权利，并且在你的权利受到侵犯破坏（忽视）时，能够大胆地抗议，或者把情况告诉别人。你有获取安全感的权利；你有受教育的权利；跟男孩一样，你也有权利参加社区和学校基金提供的体育项目。你有权利不被任何人触摸，只要你觉得不适；你也有不被别人骚扰、殴打或者伤害的权利。所有儿童都拥有以上合法权利，无论他（她）生活在什么样的家庭，就读于哪所学校。

女生的力量

有些孩子脑袋不太灵光，认为女孩不如男孩，女人也不如男人。甚至有些愚蠢的成年人也这么想。事实上，女孩与女人都是坚强和脆弱的混合体，就像男孩与男人一样。即使现在，世界上仍然存在很多对于女孩与女性的歧视。女性更容易受到侮辱

（通过无耻的、下流的或者恐吓性的言论）和遭到侵害（身体上的伤害）；同样的工作，收入却比男性少；获得权力和受教育的机会也更少；得到的尊重更少；无论是在电视行业、从政，还是其他领域，女性求职的机遇也更少。世界各地的女性仍然得奋起抗争，为自己的权利发声。

“女权主义”“女权”以及“女生的力量”是同一种东西的三种不同表达：支持女孩（女人）享有和男孩（男人）同样的机会。

只要有足够的机会，世界上不同国家的女性都可以成为，并且有的已经成为：飞行员、医生、首相、探险家、电气工程师、伟大的母亲、艺术家、航海家、科学家、桥梁建筑者、杂技演员、士兵、消防员、农场主，以及所有你能想到的职业。男性能做的工作，女性也能做，除了那种特别需要体力的男性化的工作。所以，如果有人说你是个女孩，啥也做不了，那么就请他（她）闭嘴。跟你志同道合，并且支持你的女孩和女人有很多，她们会努力让你，还有世界上的每一个女孩，得到应有的尊重。与此同时，你自己也要奋发向上，加油，小姐妹！

那些女孩口中让她们感觉有自信的事 *

我的运动能力 * **我品行端正，性格也挺好** * 我的头发 * 我很会表演，所以即使不自信的时候，我也能表现得很自信 * 我长得不赖；我可以逗大家笑；穿了高跟鞋我也能走路 * **我人挺好的，并且聪明健康，长得也不难看** * 我的朋友们 * 在全班同学面前发言 * 嗯……我哪方面都挺好 * 感觉不太自信 * 没什么自信 * **我挺聪明的** * 能玩得很开心 * 做作业，参加运动 * 会打鼓 * 回答老师的问题——我知道这听起来很蠢，但是大家都觉得我答得很好 * **户外运动** * 一天中的任何时段，我都敢在街上走，如果被人攻击的话，我认为我可以保护自己 * 我是很好的聆听者；我乐意帮助朋友，我也相信自己多少能帮上忙 * **穿上妈妈觉得适合我的衣服，样子应该挺好看的** * 与人交谈 * 没有什么特别自信的地方，我只是喜欢什么都尝试一下 * 运动 * **我的阅读、写作能力；还会表演** * 没什么特别的——但是我可以比较好地处理紧张情绪 * 我尽量想让自己不仅看起来自信，并且自我感觉也真的有信心 * 我的形象和我的朋友 * 无论将来选择怎样的人生道路，我都会很开心，并且取得成功 * 我的脸蛋儿 * **无论发生什么，家人都会一直爱我** * 我会游泳，还有我的腿很好看——我爱死它们了！ * 我能照顾好自己和小小孩 * 我的性格好，还有那些我信任的人 * **我会跳舞** * 我会请求帮助；会跟大人沟通；在学校表现得也不错；尝试新的东西 * 大家都说我人很不错 * **我总能把朋友们逗笑** * 我很棒啊 * 我是无板篮球队的翼卫 * 家人很爱我 * **我的生活，我竭尽全力让生活充实和精彩** * 和陌生人，不同的人打交道

* 我不是最受大家欢迎的，我也不想那样，这样我可以做真实的自己，我的朋友们喜欢就好 * **出海远航，开怀大笑** * 艺术 * 在朋友和家人的身边 * 每件事 * 我的小腿 * 我的跆拳道能力 * 穿上让我觉得舒服的衣服 * 我的头发（有时候）* 除了公共场合不太会说话，不太会与人攀谈，其他都挺好 * **去我想去的地方** * 我的词汇量比我的朋友们都要大，因为我喜欢阅读——这让我觉得自己很特别 * **内心真实的自我** * 我很会打无板篮球，大家也喜欢我（多数时候）* 我的刘海 * 现在我敢跟陌生人说话了 * 除了外表，其他的都很好 * **我的态度** * 我跳舞的样子 * 我是个不错的朋友 * 功课好 * **认识新的朋友，我不在乎别人怎么想我，怎么说我** * 所有的一切——我是个过度自信的人 * 骑自行车 * 我会烹饪，会为自己的权利发声 * 我会设计！* **帮助别人解决问题** * 我会表演——表演时我变成了另一个人，有着完全不同的性格！* 我挺聪明 * 我的个性比较好 * 做自己；无论做什么都很努力 * **我人很好** * 我能把自己的不安全感隐藏得很好，别人察觉不到，连我自己也察觉不到，这样我就自信了 * 我会唱歌 * 当我和一群人待在一起的时候 * 我的妈妈——我们俩亲密极了 * **我的外貌——我跟别人都不一样，我喜欢我的样子** * 给别人看我拍的电影；跟小朋友说话 * 我的笑容 * 我的衣服 * 我觉得我很擅长科学课，我还是班上最优秀的学生 * 我想做个记者，我一定会梦想成真 * 笑起来会让我自信 * 我会空手道，喜欢音乐，喜欢上学 * **我的一切都很好** *

* 以上信息来自本书的问卷调查结果

12

心情&情绪

荷尔蒙水平和身体的改变会随着生活中发生的事情，甚至是天气的变化，一起作用，让你的心情时阴时晴。仅仅是某个午后的心情都可能会如此千变万化：自信满满，窘迫不安，难过悲伤，开心快乐，充满勇气或者迷茫困惑。开心到咧嘴直乐，觉得自己充满了创造力，觉得自己很聪明。或者感到烦闷，只想在吊床里躺着，这些心情也很常见。

本章会告诉你怎样处理负面的想法和消极的情感，比如焦虑、恼怒或者窘迫，以及如何从悲伤中走出来。女孩子的生活应该充满乐趣和欢声笑语。本章中还有关于怎样让自己更开心的相关内容，以供大家不时之需。

阴晴不定的情绪

情绪波动和起伏的常见原因：

- 睡眠不足——这会让人脾气暴躁、易怒。
- 大脑中化学物质的水平有时会短期失衡，因为荷尔蒙水平会出现紊乱，让人变得焦虑。
- 如果有特别令人高兴或者难过的事情发生，而且是你无法控制的事情，这时候的心情波动是对不可控事件的正常反应，是明智之举。

大人也会突然烦躁不安，过一会儿却又欢快地唱歌，真让人丈二和尚摸不着头脑，而且你知道的，学走路的孩子也会大发脾气——所以要是有人说只有青少年才会心情变幻无常这种话，你可千万别信。另外，身体和荷尔蒙的改变，再加上生活中发生的事情，确实能让女生们一天的心情阴晴不定。更好地觉察和关注自己的情绪，你才能更好地管理它们。

愤怒

每个人都会生气，或许是因为遇到了不公正的事情，或者是因为遇到了无法控制的局面。愤怒需要表达出来——倾诉是个好办法。任何激烈的行为，比如摆臭脸、拒绝沟通，并不能缓解你的愤怒。如果不主动接受自己的愤怒，对此避而不谈，那么情绪就永远不会消失。跟那些愿意聆听的人谈谈自己的愤怒，能够帮助你弄清楚内心的真实感受。有时候你得跟对方讲清楚，你需要的并不是解决办法，只是想倾诉一下而已。

画画，或者把自己的想法和情感写下来，可以帮助你认清、理解和表达自己的愤怒。体育运动，比如跑步或跳舞也能让你感觉好些。

焦虑 & 压力

对于可能发生、将要发生的事情，每个人都会感到紧张、焦虑、担心或者害怕。

跟别人聊聊有助于缓解焦虑

压力更多的是像一种无法控制的感觉，怕自己无法处理好某件事情。焦虑则更多的是担心或紧张。不过这两种情绪有时感觉差不多。

这些情绪是“心理感受”，但也能引起生理反应，比如头痛、胃不舒服、心跳加速、眼眶里冒出泪水、出汗比平时多、入睡困难或早上起不来。因为身体在忙着处理压力和焦虑这样的负面情绪，顾不上保证免疫系统的正常工作，所以人会容易感冒生病。

“恰好碰上了‘倒霉的日子’，然后心情就莫名其妙地不好了。”——丹妮尔

对抗焦虑 & 紧张

下面的这些方法，可以很好地处理焦虑情绪：

- 找个让你觉得舒服自在的人，比如爸爸妈妈、祖父母、朋友、阿姨、医生或护士、朋友的妈妈、辅导员或老师，说说你的感受。有的女生向自己的宠物倾诉完也会好很多！
- 每天做运动——它能够让你变得平和。某些学校会教一种处理情绪的方法叫作正念，是种有益身心的冥想方式。
- 缓慢呼吸——这种方法很简单，可以快速地让你恢复平静。慢慢地，轻轻地呼气，从 1 数到 6（或 4，或者能数到多少都行）。暂停片刻，然后缓慢地，轻轻地把气吐出，数到 6。重复大约一分钟。

“我发现运动是最好的放松方法，能把怒火和沮丧一扫而光。”
——阿什莉

如果经常觉得恐慌；或者感觉焦虑情绪非常严重，无法控制；或者心里的想法总是非常消极，总是想惩罚自己，那么你应该请爸爸、妈妈、监护人带你就医，或者咨询学校辅导员。有很多人能帮助你学会控制紧张。

悲伤

悲伤这种情绪是藏不住的。我们会无缘无故地感到难过，但这是很正常的。人们有时候把悲伤称为“蓝色的心情”。几乎每个人都有不顺心、脾气差、闷闷不乐的时候。不过正是有了难过的“低潮期”作对比，我们才能够体会到什么是“高潮期”，而不是什么“岔道期”——好吧，这个词是我瞎编的。

“累的时候我会感觉不开心。”——莉萨

悲伤是在极度兴奋和激动过后，紧接着的无聊乏味或“低迷”的感觉，它能够持续数天。你或许会“大哭一场”，因为悲伤令你不知所措。无论发生了什么，如果大部分时间觉得悲伤，或者一直感到抑郁和茫然，你应该向他人寻求帮助。

悲痛

情感上的严重创伤，比如家里有人去世或熟悉的人离开；离婚或是关系的破裂；变成无家可归的难民或是成为犯罪活动的受害者；或者患了严重的疾病等等，都会引起一种强烈的情感，我们用失丧和悲痛这两个词来形容这种情感。

不同的人悲痛的方式不同，并且表现（或掩饰）悲痛的方式也有所差异。即使生活在同一个家庭或群体中的人，引发悲痛的原因是同一件事，他们的反应也不尽相同。

悲痛让人感到头晕目眩，它表现出来的反应有很多种，包括哭泣、假装不幸没有发生、愤怒、悲伤、茫然（什么也感觉不到）、问些永远没有答案的问题、担心是自己造成了不幸和感受到强烈的孤独感。

除了这些反应之外，很多悲痛的人还会出现生理上的不适，比如头痛、胃不舒服、疲劳、入睡困难或嗜睡。

你不用立刻就从“悲痛”中走出来。你需要时间经历悲痛，然后找到自己的办法，将伤心带到人生的下一个阶段，那时你会变得乐观些；而不是非要去忘掉某个人或者自欺欺人，假装重大的创伤从未发生过。

更多知识，你还可以阅读本章稍后的部分：乐观和坚强。

“不要说：这太痛苦了，没人能帮我。

试试这么跟自己对话：一切都会好起来的，我自己就能帮助自己。

只有自己努力向上，其他人才好帮助你。”——凯蒂

感到难过

人们常会说，“我有点抑郁”，其实这就是难过的意思。但是患有抑郁症，被抑郁症折磨和感到难过是两码事：抑郁症是一种强烈的虚无和绝望，并且时时刻刻，如影随形。抑郁症是一种疾病，需要医生的治疗。

“如果别人说了什么话或者发生了什么事把你气得够呛，不妨直面现实。在脑海中列出十件让你觉得自己善良美好或与众不同的事，这样心情就会好些。”

——克洛艾

感觉十分迷惑

感觉神魂颠倒

感觉焦躁极了

性感觉的觉醒

在对性行为产生真正的兴趣之前，有性的感觉或对性感到好奇是很正常的。而且，提前了解一些性知识，这很重要。将来你需要自己做决定：是否要发生性行为，以及如何发生，怎样才能保证自己的安全，避免怀孕。放心好了，像你们这么大的孩子，脑袋里有浪漫的或是关于性的想法是合乎常理的。（这是正常的！）你不用管它。如果压根没想过这些事，也没什么奇怪的。（这也很正常！）

你或许听过很多荤段子，也可能有人在手机或其他设备上给你看过有关性的图片，他们很可能只是想让你难堪罢了。别担心，现实中的性不是那样的。也并不是有了男朋友或女朋友之后，每个人都会像图片里那样做。

碰到这种图片，或者听到有人说有关性的内容时，你可以说“呸”，然后置之不理。如果它让你感到不适，就把情况告诉你信任的大人。事实上，无论什么事情让你觉得不安，你都应该告诉大人。

也许你对有关性的内容确实没什么兴趣。

乐观和坚强

有的孩子遇到不顺心的事情，能够很快地从情绪低谷“弹回来”，或者情绪只是略微有点低落而已。有些人是发自内心的乐观主义者：他们认为一切都会变好。如果你不是这样的人，那么下面我要说的话一定会让你如释重负——除了天生的乐观，你还可以通过后天的努力，学习怎样变得更乐观。

通过学习，你能够平稳地挺过难关，也能够面对伤心失望，而不会连续几天，甚至是几周的时间，都在不安焦虑中度过。

“和姐姐一起烤曲奇时，我就会忘掉自己的烦恼，享受烘焙的乐趣。”

——萨拉

“别再为芝麻绿豆大的事烦恼了。相信我，这一切都会过去的。”——凯特

10 个让你变坚强的最佳方法

1 做自己想成为的人。如果你努力去做一个好人，那么你会对自己很有信心。坏事发生的时候，你知道那不是你的错。

2 有支持自己的人。家人朋友都可以。加入某个团队、俱乐部或邻里互助小组，那么会有更多人支持你。

3 列出求助清单，哪些人、活动、电影、书籍或音乐能让你心情变得开朗（书后附有清单和建议供读者参考）。

4 想想过去的幸福时光。回忆一下，过去你经历过哪些难关，最后情况又好转了。

5 不要夸大事实，也不要一点点小事就向每个人诉苦。留点精神处理真正的问题。

6 务实一点。不要说“我什么也改变不了”，而应该设置一个可实现的目标。

7 无论什么情况，你都可以寻求别人的帮助，哪怕你的问题在有些人看来，算不上很严重。

8 每天的一日三餐要认真吃，渴了就喝水。

9 你要明白，并不是所有的情况都会自然而然地变好——你必须采取行动或者请求别人的帮助。有时候，你得有坚定的决心和不屈不挠的精神，才能看到积极的结果。

10 需要的时候请寻求帮助：这样你会积累更多解决问题的经验，更勇敢，更了解自己，而且在处理困难时，也会更加胸有成竹。

10 个能让你振作起来的小窍门

1 大笑：跟朋友在一起，看一部有趣的电影或电视，并放声大笑。必要时，打场水仗或枕头大战。可参考书后的电影电视清单。

2 专心投入：沉醉于书的世界。书后还附有好书清单。

3 走出门：拥抱大自然、新鲜的空气和阳光——可以有效地改善心情。

4 女生喜欢关注自己的缺点，这里不够好，那里不够好，“要是能怎样”就好了。那你的优点呢？在脑袋里把自己的优点和取得的成绩列张表，或者在纸上写出来。

5 探索：调动创造力——通过写作、画画、音乐、表演或烹饪来表达自己的情感。

6 安排些有趣的活动。约好日子，和家人或朋友一起。

7 给自己一些放松的时间。听安静的音乐，打扫房间时跳会儿舞，让凌乱的心情缓和下来。也可以画画，或者发发呆。

8 做件善事。比如帮助照看宠物、做义工、给学校的慈善项目捐钱等。

9 自己决定是一个人呆一会儿，还是和朋友出去玩。有的人喜欢每时每刻都有朋友陪伴左右，但也有些人宁愿自己清静一会儿。

10 唱歌。就算不会唱歌，也可以在没人的空地上，或淋浴的时候引吭高歌，或者喊朋友陪你去 K 歌。

“生活中有那么多积极的事……认识新的朋友，看没看过的电影，读没读过的书，每天都有新的体验。”——埃米

推荐清单

有书可读，开没开过的玩笑，有新的电影和电视看，这些都是成长的乐趣。

下面是女孩子们最喜欢的书、电影和电视的清单，其中还包括一些可以作为我们榜样的女中豪杰。

你可以将自己的最爱也添加到清单中！

适合青春期女孩的精彩书籍

可以向书店店员或图书管理员咨询一下，你这个年龄的女生适合和喜欢的读物。看书的一大乐趣就是与同好们一起讨论分享！下面的书单大致是按照相应的年龄，从小到大（阅读水平从低到高）顺序排列的。我现在就迫不及待地想拿起下表中的书，窝在床上读起来了。

1 《克拉丽斯·比恩》（*Clarice Bean*），劳伦·蔡尔德（Lauren Child）著：角色塑造得很好，插画也很漂亮，是个系列故事。

2 《特蕾西的秘密手记》（*The Story of Tracy Beaker*）、《薇姬天使》（*Vicky Angel*）、《关于我妹妹的最糟糕的事》（*The Worst Thing About My Sister*），以及杰奎琳·威尔逊（Jacqueline Wilson）所著的其他书籍：她写的故事颇受读者青睐，通常主题围绕家庭破裂等现实生活展开。

3 《施普德和查利》（*Spud & Charli*），萨曼莎·惠勒（Samantha Wheeler）著：一个女孩和一匹马的故事。我告诉你吧，里面还有蝙蝠。

4 《八把钥匙》（*Eight Keys*），苏珊娜·拉弗勒（Suzanne LaFleur）著：11 岁的埃莉斯在学校里被别人欺负。不过，她发现了一个惊天大秘密。

5 《紫色墨水》（*Violet Ink*），丽贝卡·韦斯科特（Rebecca Westcott）著：一个关于姐妹情深的故事，很触动人心。该作者的作品还有《蒲公英时钟》（*Dandelion Clocks*）以及《他们未告诉过我的五件事》（*Five Things They Never Told Me*）。

6 凯特·迪卡米洛（Kate DiCamillo）创作的所有书籍：《弗罗拉与松鼠侠》（*Flora and Ulysses*）、《浪漫鼠德佩罗》（*The Tale of Despereaux*），还有

《傻狗温迪克》(*Because of Winn Dixie*)。

7 《化身贝蒂》(*Playing Beattie Bow*)，鲁思·帕克（Ruth Park）著：这是一个非常美丽和复古的故事，一个女孩因为自己的名字被召唤，而穿越回了十九世纪晚期的悉尼。

8 《在海边枯萎》(*Withering by Sea*)，朱迪思·罗塞尔（Judith Rossell）著：该书获过多项大奖，讲述的是一个发生在维多利亚时期的冒险故事，插画也棒极了。

9 《绿山墙的安妮》(*Anne of Green Gables*)，露西·莫德·蒙格马利（Lucy Maud Montgomery）著：这是一部非常经典的文学作品，主人公是位女孩。从问世到现在，这本书已经卖出了五千多万本。

10 《秘密花园》(*The Secret Garden*)，弗朗西丝·霍奇森·伯内特（Frances Hodgson Burnett）著：一个十岁的孤儿搬去和远房叔叔住在一起，她发现了一个秘密的花园，同时也找到了开启幸福的钥匙。

11 《公主日记》系列（*The Princess Diaries*），梅格·卡伯特（Meg Cabot）著：如果因为偶然的机会成为了一名公主，你该如何保持清醒的头脑。

12 《奇迹男孩》(*Wonder*)，R.J. 帕拉西奥（R. J. Palacio）著：这是一本深受大家喜爱的书，奥吉是一个面部畸形长得很丑的男孩，现在他要去上小学了。他怎样才能挺过去呢？温馨提示：看之前请先准备好面巾纸。

13 《缺点：如何能不讨厌自己，不讨厌别人，不讨厌让你成为你的特质》(*Flawd: How to Stop Hating On Yourself, Others, and the Things That Make*

You Who You Are），埃米莉·安妮·里加尔（Emily-Anne Rigal）著：这本书记录的是真实女孩的故事，以及一些名人对过往的回忆。如果你有低自尊的问题，感觉自己很普通，或者没有勇气对抗霸凌行为，可不要错过这本书。

14 《透过我的双眼》（*Through My Eyes*），林恩·怀特（Lyn White）编辑的系列书籍，故事围绕着孩子们在现代社会中的冲突展开：包括《沙哈娜》（*Shahana*），罗桑内·霍克（Rosanne Hawke）著，和《阿明娜》（*Amina*），J.L. 鲍尔斯（J.L.Powers）著。

15 《玛蒂尔达》（*Matilda*），罗尔德·达尔（Roald Dahl）著：绝对的经典书籍，关于爱、阅读和糟糕的父母。

16 《比龙的秘密朋友》（*Birrung the Secret Friend*），杰基·弗伦奇（Jackie French）著：弗伦奇女士创作的故事很多都是以澳大利亚的史实为基础，这本也是如此。

适合青春期女孩的系列图书

可以询问学校的图书管理员或本地书店的工作人员，也可以访问作家的网站来了解系列丛书的先后顺序。如果不从第一本看起，那你还得倒回去读，这感觉可太糟糕了！下面所列出的图书系列，多数都有音频版，这样在长途旅行时甚至躲在床底下也能够享受到书本的乐趣啦。你还可以在网上查查看，你最喜欢的图书系列有没有拍成电影。

下面书单中的书，排名越往后的，越适合年龄大些的女孩。

1. 《鲁比·雷德福特》系列（*Ruby Redfort series*），劳伦·蔡尔德（Lauren Child）著：一个脾气古怪却又很有趣的女孩的侦探历险记，劳伦·蔡尔德的作品还有《克拉丽斯·比恩》（*Clarice Bean*）。

2. 《稀奇古怪小朱迪》系列（*Judy Moody books*），梅甘·麦克唐纳（Megan Mcdonald）著：这个系列的故事都是围绕着活泼可爱的小朱迪展开的。

3. 《茉莉·穆恩》系列（*Molly Moon series*），乔治娅·宾（Georgia Byng）著：茉莉是一个小孤女，机缘巧合下，她不仅学会了穿越时空和读心术，还成了催眠大师。

4. 《艾丽斯-米兰达》系列（*Alice-Miranda series*），杰奎琳·哈维（Jacqueline Harvey）著：一个乐观漂亮的女孩"非常有趣的冒险经历"。

5. 克里斯·里德尔（Chris Riddell）创作的《胡椒罐大楼的小侦探》系列（*Ottoline books*）和《哥特女孩》系列（*Goth Girl series*）：插图非常精

美，书中刻画的女孩子都精力充沛，故事也很有趣。

6 《我们是澳大利亚女孩》系列（*Our Australian Girl*）：这套书讲述的是不同历史时期、不同民族的澳大利亚女孩的故事。每本书的封面都有一个幸运手链，告诉你故事的年代、主人公、主题和主人公在本系列中出现的次序。

7 《纳尼亚传奇》系列（*The Chronicles of Narnia*），C.S. 刘易斯（C.S.Lewis）著：魔衣柜后面的世界一定会让你大吃一惊，居然能写出长长的七本书来。《狮子、女巫和魔衣柜》是非常经典的奇幻作品。

8 《美善和邪恶魔法学院》（*School for Good and Evil*），苏曼・谢纳尼（Soman Chainani）著：这部奇幻三部曲的故事发生在美善魔法学院和邪恶魔法学院，主人公阿加莎和索菲是最好的朋友。书中提出的口号"一个没有公主的世界"，很值得称赞。

9 露易莎・梅・奥尔科特（Louisa May Alcott）创作的经典丛书《小妇人》（*Little Women*）：故事的时代背景是十九世纪早期，它的主题是很多文学作品所共有的——爱、独立和奋斗。

10 《小毛球》系列（*The Legend of Little Fur*），伊莎贝尔・卡洛迪（Isobelle Carmody）著：该系列共四本，关键人物是一个小精灵，讲述了一个关于友谊的冒险故事。

11 《不朽者》系列（*The Immortals*），塔莫拉・皮尔斯（Tamora Pierce）著：这套历险记共四本，女主人公是一个生活在中世纪的，名叫戴安的会魔法的女孩。

12 《黑暗物质》三部曲（*His Dark Materials*），菲利普·普尔曼著（Philip Pullman）：一个与地球相似的平行世界里发生的奇幻故事，非常引人入胜，故事里有北极熊、满嘴谎话的骗子和半人半兽的精灵。

13 《拯救德尔托拉》系列（*The Deltora Quest*）以及配套丛书，艾米丽·罗达（Emily Rodda）著：故事扣人心弦，有怪物、龙和丛林旅程，还有很多想象出来的生物和角色。

14 《美杜莎计划》系列（*The Medusa Project*），索菲·麦肯齐（Sophie Mckenzie）著：该系列共六本，讲述了具有通灵能力的青少年打击犯罪的冒险惊悚经历。

适合青春期女孩的精彩电影

当然了，每个人都各不相同，每个人会感到恐惧或迷惑的电影也不尽相同，所以，看什么样的电影，这取决于你和你的父母。下面列出的电影是按照适合的年龄，由小到大排列。

1 《春天不是读书天》（*Ferris Bueller's Day Off*）：主人公试图逃离学校和责任。

2 《辣妈辣妹》（*Freaky Friday*）：一个女孩和自己的妈妈互换了身体。

3 《神偷奶爸》（*Despicable Me*）：这是部动画片，里面的一家人看起来再寻常不过，却住在地下洞穴里，还有很多不为人知的秘密。

4 《头脑特工队》（*Inside Out*）：在这部匠心独具的电影中，悲伤和快乐这些情感被赋予了生命，原版配音阵容也很强大，包括很棒的喜剧演员艾米·波勒（Amy Poehler）。

5 《发胶》（*Hairspray*）：这是一部反映上世纪五十年代的歌舞片，里面的舞蹈活力四射，故事妙趣横生。

6 《贱女孩》（*Mean Girls*）：搞笑幽默，却又充满了智慧，真实地刻画了朋友和亦敌亦友之间的关系。

7 《穆丽尔的婚礼》（*Muriel's Wedding*）：这是一部关于友情、爱情和自信的经典澳洲电影。

8 《红粉联盟》(*A League of Their Own*)：关于一个女子棒球队的故事。

9 《雷蒙尼·斯尼奇的不幸遭遇》(*Lemony Snicket's A Series of Unfortunate Events*)：诙谐有趣，悬念迭出。

10 《魔法灰姑娘》(*Ella Enchanted*)：公主梦是没什么意思，不过这是一部颠覆传统的喜剧电影。

11 《魔女宅急便》(*Kiki's Delivery Service*)：一个13岁的小女孩用自己的法力做了很多好事。

12 《我爱贝克汉姆》(*Bend It Like Beckham*)：讲述了一个印度移民后裔的英国女孩儿，通过努力成为足球冠军，并学会了如何做一个合格的好朋友的故事。

13 《绿野仙踪》(*The Wizard of Oz*)：一部经典之作，大家都知道这部电影里有好多飞猴。

14 《完美音调》1、2(*Pitch Perfect*)：讲述了一个无伴奏合唱团的历险故事。

15 《魔幻迷宫》(*Labyrinth*)：这部电影华丽而富有想象力，里面有各种各样的奇怪生物(和布偶)。

16 《女孩崛起》(*Girl Rising*)：一部纪录片，讲述了世界各地不同女孩的故事。

17 《南方小鸡：闭嘴只唱》(*Dixie Chicks:Shut Up and Sing*)：关于音乐家和公民言论自由权的真实故事。

18 《中间地带》(*Somewhere Between*)：一部纪录片，记录了几名被美国家庭领养的中国女孩的成长经历。

19 《纳尼亚传奇》(*The Chronicles of Narnia*)：这部电影改编自《狮子、女巫和魔衣柜》。

20 《独领风骚》(*Clueless*)：本片改编自简·奥斯丁的《爱玛》，只是故事的场景换成了上个世纪 90 年代的洛杉矶，极具感染力。

21 《漫漫回家路》(*Rabbit-Proof Fence*)：这是一部极具张力的历史电影，讲述了几个澳大利亚土著女孩因为当时的种族政策而被迫离开父母的故事。

22 《鲸骑士》(*Whale Rider*)：这是一部家庭题材的电影，电影的主人公女孩佩的祖父是毛利人部落的酋长，最终她打破了男性当酋长的传统，独立自主，当上了酋长。

现实生活中的女英雄

我们钦佩的 5 个真实女性

你们真的很棒，感谢你们所做的一切：

* 马拉拉·优素福（Malala Youssuf）：为女孩的权利和受教育权而奋战。
* 泰薇·盖文森（Tavi Gevinson）：创立自己的时尚博客 Rookie.com。
* 泰勒·斯威夫特（Taylor Swift）：填词并演唱出属于她的独特感受。
* 爱丽丝·派莉（Ellyse Perry）：活跃在不止一个领域的优秀运动员。
* 塔伦瑞尔·瓦利尔（Tarenorerer Walyer）：塔斯马尼亚原住民战士，绑架和奴役下的幸存者。

写下你心目中的真实女英雄：

虚构作品中的女英雄

我们最爱的 3 个顶尖虚构女性

即使你不是真实存在的，我们也依然爱你：

* 阿斯特丽德·林格伦作品中的长袜子皮皮（Pippi Longstocking）：她力大无穷。
* 动画片《辛普森一家》中的丽莎·辛普森（Lisa Simpson）：她个性十足。
* 出自《哈利·波特》系列的赫敏·格兰杰（Hermione Granger）：她善于思考。

写下你心目中的虚构女英雄：

Lists

NOTES

your Doodles

DREAMS

THINGS to SEE

Places to go

IDEAS

Adventures

Adventures

Adventures

图书在版编目（CIP）数据

女孩青春期的秘密 /（澳）卡兹·库克著；薛玮译 .— 长沙：湖南教育出版社，2019.10（2024.4 重印）
ISBN 978-7-5539-7187-2

Ⅰ .①女… Ⅱ .①卡… ②薛… Ⅲ .①女性–青春期–健康教育 Ⅳ .① G479

中国版本图书馆 CIP 数据核字（2019）第 175611 号

湖南省版权局著作权合同登记图字：18-299-252 号

NüHai QingChunQi de Mimi

书　　名	女孩青春期的秘密
作　　者	［澳］卡兹·库克
译　　者	薛　玮
责任编辑	张件元
特约编辑	韩文静
封面设计	田　晗
出版发行	湖南教育出版社（长沙市韶山北路 443 号）
网　　址	www.jiaxiaoclass.com
微 信 号	家校共育网
客　　服	0731-85486979
经　　销	新华书店
印刷装订	天津旭丰源印刷有限公司
开　　本	787 mm × 1092 mm　16 开
印　　张	10.25
字　　数	130 000
版　　次	2019 年 10 月第 1 版
印　　次	2024 年 4 月第 4 次印刷
书　　号	ISBN 978-7-5539-7187-2
定　　价	49.80 元

如有质量问题，影响阅读，请与湖南教育出版社联系调换。